9-Mots magiques

marie potvin

Québec
Crédit d'impôt livres
Gestion SODEC

Gouvernement du Québec – Programme de crédit d'impôt
pour l'édition de livres – Gestion Sodec

Les filles modèles, 9. Mots magiques

info@lesmalins.ca

Éditeur : Marc-André Audet
Éditrice au contenu : Katherine Mossalim
Éditrice adjointe : Marianne Dunberry
Correctrices : Corinne De Vailly, Fleur Neesham et Dörte Ufkes
Directrice artistique : Shirley de Susini
Illustration de la couverture : BACH illustrations
Illustrations intérieures : BACH illustrations
Conception de la couverture : Shirley de Susini
Mise en page : Diane Marquette

Dépôt légal – Bibliothèque et Archives nationales du Québec, 2018
Dépôt légal – Bibliothèque et Archives Canada, 2018

ISBN : 978-2-89657-661-6

Imprimé au Canada

Les éditions les Malins inc.
Montréal (Québec)

Financé par le gouvernement du Canada | Canada

ASSOCIATION NATIONALE DES ÉDITEURS DE LIVRES

Pour Sandrine, encore et toujours… ♥

Avec en vedette :

Marie-Douce
Brisson-Bissonnette

Laura
St-Amour

Chapitre 1

Rouge comme une tomate

Des bruits de pas dans la chambre d'hôpital viennent briser le moment magique. Comme si j'étais prise la main dans le sac en train de voler quelque chose, tout mon corps devient tendu et je recule, m'arrachant à l'étreinte de Xavier. Il tente de me retenir, mais c'est plus fort que moi, je le repousse pour me libérer. C'est comme si ses mains me brûlaient.

— Ahem…, fait Hugo, en mettant les mains dans ses poches.

— Ah, t'es revenu vite…

Confuse, les joues rouges, le cœur gonflé d'une émotion que je n'ai jamais ressentie auparavant, je me laisse choir sur le lit, les paumes sur le matelas. À quelques pas de moi, Xavier n'est aucunement embarrassé. Un autre genre de sentiment habite son visage : la déception… ou le mépris. J'espère que j'invente ça. Il me fixe de ses yeux presque noirs, visiblement désenchanté par ma réaction puérile. J'ai honte d'être aussi immature. Pourquoi suis-je comme ça ?

— Je ne voulais pas vous interrompre…, bafouille Hugo à son tour.

— C'est correct, souffle Xavier. De toute façon, je m'en allais.

— Je vais te reconduire chez Martine, rétorque le père de Marie-Douce en empoignant le bras de Xavier. Pas besoin de t'enfuir.

— Je m'enfuis pas. J'ai juste pas besoin que tu m'emmènes où que ce soit. Je vais m'arranger, dit Xavier.

— T'arranger comment ? demande Hugo.

Xavier ne lui répond pas et sort de la chambre après m'avoir transpercée d'un regard sombre. Pourquoi ai-je réagi ainsi ? Il croit que je l'ai repoussé ! Ce n'est pas moi, c'est ma maudite impulsivité ! De quoi ai-je eu si peur ? Que quelqu'un me voie embrasser Xavier ? Et alors ?

Quelques secondes plus tard, Marie-Douce fait son entrée, les sourcils levés, une expression de totale confusion sur le visage.

— Je viens de croiser Xavier dans le couloir. Il était rouge comme une tomate ! Pourquoi il est parti comme ça ? demande-t-elle.

Hugo hausse les épaules et moi, je me prends la tête à deux mains.

— Parce que je suis conne, dis-je d'une voix paniquée. Je suis tellement niaiseuse, t'as pas idée.

— Est-ce que vous… euh… avez… euh… parlé ? demande-t-elle en pointant le couloir.

— Il a parlé, oui. Il a tellement parlé !

— Il t'a dit des affaires blessantes ?

Je secoue la tête.

— Non, au contraire.

— D'après ce que j'ai vu en entrant, il a dû lui dire de pas mal belles affaires, marmonne Hugo.

— Oh ! Laura ! Il t'a embrassée, alors ? se réjouit ma sœur.

— On en parlera à la maison, OK ? Je suis un peu étourdie, là.

Je me recouche, me tournant sur le côté pour cacher mon visage chaviré par des émotions contraires : joie, tristesse, fierté, honte… mais surtout, le regret d'être aussi craintive.

— Justement, annonce ma mère qui vient d'entrer à son tour dans la chambre, le médecin s'en vient pour te donner ton congé !

— J'ai gâché Noël, dis-je dans l'ascenseur une heure plus tard.

Corentin et Marie-Douce ont emprunté les escaliers pour descendre les trois étages, me laissant seule avec ma mère et Hugo. Xavier n'a pas refait surface. Il est réellement parti par ses propres moyens. Va-t-il vraiment marcher de Valleyfield jusqu'à Vaudreuil ? Ça serait en plein son genre. Mais il a probablement appelé Martine. Du moins, je l'espère.

— Nous allons le refaire, m'assure ma mère avec un petit sourire.

— Quoi ? Refaire Noël ?

Hugo passe son bras autour des épaules de ma mère avec affection.

— Ben oui ! On va réchauffer les restants qu'on a rapportés de chez Miranda. C'était quoi déjà ?

Paniquée, je lève les mains pour l'empêcher de parler.

— Dis-moi pas que t'as rapporté les petits trucs noirs douteux et les morceaux de grenouille !

Hugo incline la tête en souriant.

— Tu veux dire les escargots ?

— Répète pas ce mot devant moi, dis-je en faisant semblant d'avoir la nausée.

— C'est une blague ! rétorque-t-il en riant. J'ai jeté tout ce qu'elle nous a donné et nous allons faire des pâtés à la viande. Tu les aimes avec ou sans ketchup ?

— Hugo, je ne sais pas si je te l'ai déjà avoué, mais je t'adore. Tu le sais, ça ? dis-je avec ferveur.

Il regarde ma mère avec un air de vainqueur.

— T'as vu, Nath ? Ta fille m'adore. Je suis le meilleur. Souviens-toi de ça !

Ma mère secoue la tête en levant les yeux vers le plafond.

— Allez, rentrons à la maison ! soupire-t-elle.

Chapitre 2

Faire semblant ou ne pas faire semblant…

Demain, nous recréerons un souper de Noël juste pour Laura. Seulement nous quatre : mon père, Nathalie, Laura et moi, tous en pyjama.

Avant de dormir, Laura me raconte sa conversation extraordinairement romantique avec Xavier. Je savais qu'il l'aimait, mais je n'avais pas mesuré à quel point. Ses mots étaient si beaux !

Je ne suis aucunement étonnée que Laura ait eu une réaction malheureuse lorsqu'ils ont été surpris par mon père en train de s'embrasser. Ma sœur est une bombe d'émotions dans les situations intenses. Xavier l'a beaucoup trop déstabilisée avec sa déclaration digne d'un roman Harlequin. C'était sûr qu'elle allait s'effaroucher comme un animal sauvage au moindre bruit ! Et puis, je la comprends ! C'est gênant d'embrasser un garçon devant des gens pour la première fois. Il faut du temps pour s'y habituer.

— J'ai une boule d'acier dans le cœur, Marie-Douce. Pourquoi j'ai agi comme ça ?

— C'est probablement l'œuvre d'Alexandrine, dis-je à la blague. Tu as peut-être une nouvelle poupée vaudou à ton effigie, qui sait ?

— Oh, mon Dieu ! C'est bien trop vrai !

— Je niaisais, Laura ! Comme si Alexandrine avait vraiment des pouvoirs magiques ! T'en fais pas avec ça : moi aussi j'aurais sursauté, exactement comme toi. Tu pourras parler à Xavier demain, dis-je. Tout va s'arranger, tu verras.

Ma sœur se redresse d'un seul coup dans son lit et allume sa lampe de chevet.

— Tu ne vas pas lui parler, han ?

Bien sûr que oui !

— Ben non, voyons ! Pour qui tu me prends ?

— Promets, Marie-Douce Brisson-Bissonnette ! Jure-le sur la tête de ta mère !

Je ne veux pas jurer quoi que ce soit et, heureusement, j'en suis épargnée de justesse par Nathalie qui ouvre la porte pour vérifier si Laura fait encore de la fièvre.

— Je vais bien, maman ! Lâche-moi !

— C'est le médecin qui m'a demandé de suivre ta condition, affirme Nathalie. Oublie pas de prendre tes antibiotiques demain matin en mangeant.

— Oui, oui !

Nathalie sort en refermant la porte doucement derrière elle. Laura en profite pour changer de sujet.

— Ce qui s'est passé avec mon père me rend folle, dit-elle. Xavier m'a dit qu'il y avait eu une explosion quand il lui a parlé sur Skype.

Zuuuut ! ! ! J'ai un grave problème. Je ne sais pas si Xavier lui a dit ou non que je suis au courant de toute cette histoire d'explosion. S'il lui a dit que je le savais et que je fais semblant de ne pas être au courant, Laura pourra m'accuser – avec raison – de manquer d'honnêteté envers elle. Avec un peu de chance, il ne lui aura rien dit et je n'aurai pas besoin de lui dévoiler que je savais tout.

— Il t'a dit ça ? fais-je d'une voix légère.

Ouf, je ne me suis pas encore trahie.

— Il a aussi dit qu'il avait fait de l'insomnie à son sujet, mais que récemment, il a reçu de bonnes nouvelles. Il a juste pas eu le temps de me dire quoi parce qu'on a été interrompus par ton père, comme tu le sais…

— Alors, tu vois ? Tu as un bon sujet de conversation pour lui parler de nouveau.

Le visage de Laura semble se détendre d'un seul coup. Elle s'enfonce dans ses oreillers, les bras croisés sur sa poitrine.

— T'as raison. Je lui parlerai de mon père… Ça me donnera une meilleure excuse pour l'aborder que de lui dire que je suis conne d'avoir ruiné notre premier *french* !

Nous éclatons de rire et Laura éteint la lumière. Je peux me détendre, j'ai réussi à ne pas mentionner que j'étais au courant pour l'explosion. Maintenant, il faut que je trouve le bon moment pour lui annoncer que je pars pour le pensionnat dès janvier. Ça, ça va faire mal…

Chapitre 3

Pas de mots d'amour

J'AI UN IPHONE!
J'AI UN IPHONE!
J'AI UN IPHOOOOONEEEEE!

La boîte était trompeuse. Immense, elle devait mesurer au moins un mètre cube. J'ai presque cru que ma mère m'avait acheté un petit réfrigérateur en cadeau de Noël. Marie-Douce savait ce que c'était. Elle a été géniale d'avoir gardé le secret. C'est un présent de ma mère et d'Hugo.

Cependant, il y a une ombre au tableau. J'ai tant espéré avoir un jour un iPhone que je m'étais imaginé être en état de grâce et d'enchantement complet lorsque j'aurais ce joyau de technologie dans mes mains. Malheureusement, ce n'est pas le cas. Trop de choses me tracassent.

Je n'ai pas eu de nouvelles de Xavier depuis qu'il a quitté l'hôpital, hier. Oh, je sais par Martine qu'il est rentré sain et sauf; elle a texté ma mère pour la rassurer. Je voudrais tellement partager ma joie avec lui. Nous aurions pu échanger nos numéros, télécharger les mêmes applications, tous les deux collés l'un à l'autre dans les coussins mous du sofa. Au lieu de tout cela, j'ai dû demander son numéro de cellulaire à Marie-Douce.

— Tu devrais peut-être lui envoyer un texto, m'encourage-t-elle.

— Je ne sais pas quoi lui dire. Et s'il ne répond pas ? J'en mourrai.

— T'es en train de mourir de toute façon. Explique-lui comment tu te sens. Je suis sûre qu'il ne s'en fichera pas. Après t'avoir dit tout ce qu'il t'a dit, c'est sûr qu'il arrêtera pas de t'aimer juste parce que t'as eu une réaction un peu bébé, tente de me rassurer ma sœur.

— Bébé ? Tu trouves que j'ai été bébé ?

— OK, pas bébé, mais un peu... irréfléchie, mettons. Peu importe ! Ce qui est fait est fait. Allez, Laura, fais une femme de toi. T'as un super iPhone, il faut bien que ça serve !

J'aurais besoin du placard d'urgence pour me concentrer, mais nous sommes chez ma mère, dans le Vieux-Vaudreuil. Tant pis, la salle de bains fera l'affaire.

Assise sur le couvercle de la toilette, je tapote la vitre de mon téléphone avec fébrilité.

Moi
Allô Xavier, c'est Laura, j'ai reçu un iPhone pour Noël. Tu peux garder mon numéro en mémoire dans le tien. Je suis désolée pour hier. Est-ce que ça va?

Et là, j'hésite. Est-ce que je mets des becs ? Est-ce que j'écris « je t'aime » ? Moi qui fantasmais à propos de ce genre de relation avec Xavier depuis si longtemps ! Depuis que mon vœu le plus cher s'est finalement réalisé, mon existence est redevenue compliquée et stressante. Je devrais installer une pancarte à l'entrée de ma chambre qui dirait :

Tant pis, je clique sur pour envoyer mon message. Pas de bisous, pas de mots d'amour. Il n'en veut peut-être pas ? Il est certainement du genre à trouver les signes d'affection vraiment quétaines. Sa dernière blonde, c'était la fameuse Kim Buteau ! C'est sûr que Kim n'a jamais été du type à lui faire parvenir des petit cœurs et des émojis *cutes*. Il doit s'attendre à la même chose de moi. Xavier est plus âgé que moi, je dois donc me montrer hyper mature, même si tout ce que j'ai envie de faire, c'est de lui envoyer de petits poussins qui s'embrassent avec des cœurs qui flottent dans les airs.

— Laura ! Qu'est-ce que tu fais dans la salle de bains depuis une demi-heure ? As-tu le va-vite ?

C'est Hugo qui cogne à la porte.

— Non ! J'ai pas le… arfff… Je sors dans deux secondes !

— On coupe la bûche de Noël ! Grouille-toi, sinon je mange tout ! m'avertit-il.

Je suis toujours sans réponse de Xavier. Je programme mon appareil sur sonnerie et vibration maximales. Pas question que je rate un texto, encore moins un appel ! Glissant mon iPhone dans la poche de mon pyjama bleu à motif de lapins blancs, j'ouvre la porte.

J'ai déjà le ventre plein de patates pilées et de pâtés. Comment pourrais-je ajouter du dessert dans mon pauvre estomac ?

— Juste un petit morceau, dis-je à Hugo dans la cuisine.

— La bûche est sur la table, va te servir, répond-il en souriant, occupé à ranger des bols dans l'armoire, un linge à vaisselle sur l'épaule.

La salle à manger est attenante au salon où se trouve la porte d'entrée. Pas de hall comme chez les Cœur-de-Lion ; ici, on entre directement près du canapé à trois places. Et sur ce sofa se trouve un grand gars coiffé d'une tuque noire. Il délace ses bottes. À ses côtés, sur les coussins, gît un cadeau très mal emballé.

Chapitre 4

C'est tellement moi !

C'est moi qui ai ouvert la porte à Xavier. Il a marché jusqu'ici malgré la tempête de neige qui s'abat sur nos têtes depuis le début de la journée. Sa tuque est calée sur ses oreilles et couvre même ses sourcils. Il a les joues rouges et un petit sourire réservé sur les lèvres.

— Dépêche-toi d'entrer ! dis-je en chuchotant presque.

Il me tend un cadeau de la grosseur d'une boîte à souliers. Le papier or et vert qui sert d'emballage est froissé et détrempé.

— C'est pour Laura ?

— Ouais… tu penses que tu pourrais, euh… m'aider à arranger l'emballage ?

— T'as marché cinq kilomètres sous la neige avec un cadeau dans les mains ? Pourquoi tu l'as pas mis dans un sac ?

Xavier fronce les sourcils, puis grimace.

— J'y ai pas pensé.

— Je vois ça !

C'est grâce à moi si Xavier est là ce soir. Je l'avoue, j'ai totalement mis mon grand nez dans les affaires de ma sœur, mais techniquement, je n'avais rien promis, donc je n'ai pas vraiment triché. En avant-midi, Laura a dû faire une sieste parce qu'elle est encore fragile à la suite de son hospitalisation. J'ai prétexté que ma mère voulait me voir pour me présenter à des amis venus d'outre-mer. C'était un mensonge crédible puisque Miranda a souvent des convives d'Europe qui débarquent en sol québécois. En réalité, je suis allée voir ce que fabriquait Xavier, évidemment.

Contrairement à ce dernier, étant donné le blizzard, je n'ai pas fait le trajet à pied. J'ai plutôt demandé à Bruno de venir me chercher.

C'est Xavier qui m'a ouvert la porte chez Martine. Ses cheveux hirsutes, son t-shirt gris qui épouse la forme de ses épaules d'athlète et son pantalon de pyjama à carreaux m'indiquaient qu'il avait passé la matinée à flâner. Mon cœur a fait quelques tours. Je l'avoue: j'espérais un peu que Maddox soit là, mais j'ai été déçue. Xavier était seul, Martine étant partie profiter des rabais d'après-Noël au centre commercial Fairview avec bébé Fred. Elle y croisera sûrement ma mère.

— Maddox est pas ici, m'a dit Xavier.

— Je ne suis pas ici pour Maddox.

Xavier m'a dévisagée quelques secondes. J'étais toujours sur le seuil de la porte et la neige entrait à l'intérieur de la maison.

— T'es venue me parler de Laura.

Ce n'était même pas une question. J'ai hoché la tête en souriant.

— Bien sûr. Tu t'attendais à quoi?

Il a soupiré, puis a reculé dans le vestibule pour enfin me laisser entrer. Après avoir secoué mes mitaines, ma tuque, et retiré mes bottes et mon manteau, je l'ai suivi à la cuisine.

— T'es parti vite, hier, ai-je commencé.

— En effet.

— Tu peux m'expliquer pourquoi ?

Il a déposé son verre sur le comptoir, puis passé sa main dans ses cheveux.

— En bref, j'ai dégobillé mon âme à Laura et elle a eu honte d'être avec moi dès qu'un humain s'est pointé.

— Comment ça, honte ? C'est impossible, Xavier.

— Écoute, Marie-Douce. Je vois très bien ce que t'essaies de faire, mais sérieusement, t'as pas besoin. Tout ça, avec Laura, c'était pas une bonne idée. C'est aussi bien comme ça.

— Qu'est-ce qui est aussi bien ?

— Qu'on ne sorte pas ensemble, elle et moi ! Qu'est-ce que tu ne comprends pas là-dedans ?

— Maudit niaisage ! me suis-je écriée. Franchement, Xavier, t'es donc ben bébé !

Voilà qui l'a fait se figer sur place, le front plissé d'incrédulité.

— Bébé ? Je ne pense pas que le bébé dans tout ça, c'est moi. De toute façon, j'ai beaucoup réfléchi depuis… euh… hier. Sortir avec Laura, ça va causer plein de complications et j'ai assez de problèmes comme ça.

— Et tu ne penses pas que Laura pourrait te soutenir ?

Il a ri tristement.

— C'est pas à une fille de me soutenir. Ça, je dois le faire moi-même. Seul.

— OK, mais alors, tu peux être avec elle juste pour être heureux.

— Je dois être heureux par moi-même avant de l'être avec quelqu'un, a-t-il rétorqué.

C'était devenu un combat d'arguments, cette conversation. Il a fallu que je sorte l'arsenal lourd.

— Écoute-moi bien, espèce de tête de cochon. Laura m'a raconté tout ce que tu lui as dit. Est-ce que tu étais sérieux ou c'était juste des belles paroles de charmeur de poules mortes ?

— Charmeur de quoi ? m'a-t-il demandé avec un rire sarcastique.

— C'est une expression. Détourne pas la conversation. Est-ce que tu le pensais ?

— Qu'est-ce que ça change ? demande-t-il.

Il commençait à m'énerver, alors j'ai laissé sortir tout ce que j'avais sur le cœur.

— Ça change que l'amour, c'est précieux. Ça ne se trouve pas facilement, c'est compliqué, c'est fort, mais c'est aussi fragile. T'aimes Laura et elle t'aime. Vous avez une chimie comme j'en ai rarement vu entre deux personnes. Si tu ne te bats pas pour préserver ça, alors t'es plus con que je le pensais.

— Je te l'ai dit : Laura a honte d'être avec moi ! s'est-il écrié en me coupant la parole.

Je me suis tue, en secouant la tête.

— Mon pauvre, PAUVRE Xavier ! Si Laura s'est éloignée de toi en entendant quelqu'un arriver, c'est juste parce qu'elle était nerveuse. C'est une boule d'émotions vives, notre Laura, tu devrais le savoir. Si tu l'aimes vraiment, il faut que tu l'acceptes telle qu'elle est. Tu pourras même la taquiner à ce sujet, tant que tu ne la rejettes pas parce qu'elle est ce qu'elle est. Elle a juste besoin que tu ne disparaisses pas dès qu'elle fait quelque chose de bizarre. Tu l'intimides, le savais-tu, ça ?

Xavier a secoué la tête en croisant ses bras sur sa poitrine. J'ai deviné qu'il se protégeait de quelque chose.

— Est-ce que tu veux dire qu'elle a genre… peur de moi ?

— Peur ? Elle est terrorisée, Xavier !

Il a cligné des yeux comme si je venais de l'assommer. J'ai soupiré, puis j'ai repris la parole d'une voix adoucie.

— Laura a pas honte de toi, elle t'admire. Elle sait que t'as vécu beaucoup plus de choses qu'elle. Elle sait que ta vie est… euh…

— Merdique, merci de me le rappeler, a-t-il marmonné.

— Et alors ? Peut-être que ta vie l'est, mais TOI, Xavier Masson, t'es loin de l'être. T'es fort, t'es intelligent et franchement beau. Parenthèses : va pas faire ton frais avec ce que je viens de dire, c'est pour la cause que je défends, je ne répéterai pas cette liste de compliments juste pour te faire plaisir. Je veux seulement que tu comprennes très clairement que tu mérites tout ce que Laura peut t'offrir.

— T'es vraiment quelque chose, Marie-Douce Brisson-Bissonnette. Tu le sais, ça ? a-t-il soupiré.

— Pourquoi est-ce que tout le monde m'appelle par tous mes noms depuis quelque temps ?

— Sûrement parce que tu bouscules tout sur ton passage.

— Si c'est ça que ça prend pour te remettre sur le droit chemin, Xavier Masson, alors je suis contente de te bousculer. Bon, je pense que j'ai fait assez de dommages ici. Je m'en vais !

Rendue à la troisième marche de l'escalier menant vers la porte d'entrée, j'ai fait volte-face.

— Ah, et ce soir, on fait un souper de Noël parce que Laura a tout manqué. Tu viendras, bien sûr.

— Peut-être que oui, peut-être que non, a-t-il répondu. Tu m'as peut-être trop traumatisé ! Qui sait ?

— J'espère que tu viendras, Xavier. Sincèrement.

Donc, Xavier est là pour notre souper de Noël. Il a même un cadeau pour ma sœur. Je ne vais pas le réemballer : il faut qu'elle voie à quel point ça a été compliqué pour lui de lui apporter son présent. Il est en retard, puisque nous en sommes déjà au dessert, mais ce n'est pas grave. L'important, c'est qu'il soit venu, comme je le lui ai demandé. Ou plutôt, comme je le lui ai ordonné. Je commence à me découvrir un petit côté « bosseuse » que je ne déteste pas du tout…

Chapitre 5

Je crois rêver

Je ravale ma salive, du moins, j'essaie de le faire, mais ma bouche est complètement sèche. Xavier est ici ! Il a marché dans la tempête pour me voir. Je ne sais pas quoi faire et je prends conscience avec horreur que je suis en pyjama, que mes cheveux sont ramassés dans une couette fontaine et que je ne porte aucun maquillage. Pas que j'en porte tant que ça d'habitude, mais avec mon teint de fille en convalescence, je suis épeurante ! En plus, j'ai fait une énorme sieste jusqu'à 14 heures et je n'ai pas pris ma douche aujourd'hui. Triple beurk.

Sans perdre une seconde, je lui lance un « allô » rapide avant de me précipiter dans l'escalier pour aller me laver, me peigner, me changer, et faire en sorte d'avoir l'air un peu civilisée. À la sixième marche, le tournis m'assaille. J'ai voulu monter trop vite, je ne suis pas encore assez en forme pour me prendre pour Speedy Gonzales. Vaincue, je m'assois en plein milieu de mon périple, une main sur le front pour contrer l'étourdissement. Une forme humaine s'assoit derrière moi, sur la marche au-dessus, et m'entoure de ses jambes. Bientôt, deux paumes saisissent mes joues et forcent ma tête à s'incliner vers l'arrière.

— Je ne sais pas pourquoi t'as couru, mais c'était pas une bonne idée, souffle Xavier sur mon front.

Je laisse mon cou se détendre et ma nuque lui tomber entre les mains. Placée de cette façon, je peux observer le visage de Xavier sous un nouvel angle. Il a une fossette au menton. Je ne l'avais jamais remarquée. Ça me fait penser à certains acteurs de Hollywood. Avec ou sans ce détail, il a le plus beau menton du monde à mes yeux. J'aimerais ne pas avoir à bouger, rester dans cette position quelques minutes. Le temps de savourer sa présence et le fait que je ne suis pas en train de faire une autre gaffe qui le ferait s'élancer vers la sortie. Au pied de l'escalier, j'entends Hugo demander ce que nous fabriquons, puis Marie-Douce lui dire de ne pas intervenir. Ça me gêne encore qu'on nous observe, mais cette fois, je combats mes réflexes de fuite et je ne me détache pas de Xavier.

— Je voulais juste aller m'arranger un peu, dis-je finalement. Je fais dur.

— J'ai vu pire, dit-il en effleurant mes lèvres de son pouce.

C'est fou comme un simple petit geste peut troubler une fille ! Il me donne la chair de poule !

— Xavier…

— Quoi ?

— Je suis vraiment désolée pour hier. C'était plus fort que moi.

— Je le sais. T'en fais pas avec ça. On va s'habituer à…

Pourquoi il interrompt sa phrase ? Je veux qu'il finisse cette déclaration méga importante !

— … s'habituer à quoi ?

— À sortir ensemble.

Il a dit les mots magiques. Sortir ensemble. Je crois rêver. Nous gardons le silence de longues minutes sans bouger, comme ça, dans l'escalier, à seulement faire bouger nos doigts, les siens sur mon visage, les miens jouant sur le denim de ses jeans à la hauteur de ses chevilles. Finalement, il dépose un baiser sur mon front et me chuchote qu'il va m'attendre en bas parce qu'Hugo vient de nouveau de crier à qui veut l'entendre qu'il va finir la bûche au chocolat.

Chapitre 6

Coupable !

Voilà, une nouvelle année est entamée. Une semaine s'est écoulée depuis que Laura est revenue de l'hôpital. Elle reprend vie peu à peu et devrait être sur pied pour le retour en classe. Le retour en classe… c'est pour bientôt. Dans trois jours exactement.

Plus les minutes s'écoulent, plus je me sens horriblement coupable. C'est de ma faute, j'ai trop remis à plus tard LA conversation qui fera trembler la terre sous les pieds de ma sœur. Une chance que Xavier est là pour la distraire, sinon elle remarquerait mon air constamment crispé. Depuis qu'ils se sont parlé, ils sont tellement mignooons ! Étant donné que c'est les vacances des fêtes, ils disposent de leurs journées entières pour se voir. Les regards, les mains qui se touchent, les heures à visionner des films dans le sofa (parce que mon père et Nathalie leur ont formellement interdit de s'enfermer seuls dans une pièce). Ils se chamaillent souvent, leurs batailles finissant le plus souvent avec les cris de Laura qui abdique parce qu'elle a les deux mains prises dans la poigne de Xavier qui la chatouille à la taille, chose que ma sœur ne peut absolument pas tolérer.

— T'as pas besoin de crier, dit-il souvent. T'as juste à avouer que j'ai raison.

— Hugooooo ! Frappe-le, *pleaaaaaase* ! s'écrie-t-elle en désespoir de cause.

Mon père ne lève jamais le petit doigt pour l'aider.

— Je suis trop vieux pour me battre avec lui, se contente-t-il de répondre. Arrange-toi !

Souvent, Nathalie dit quelque chose dans le genre de :

— Xavier, elle est en convalescence, vas-y doucement.

— Mais je ne fais rien ! C'est elle qui s'énerve toute seule… se défend-il en souriant sans toutefois lâcher sa prise. Faudrait vraiment apprendre à ta fille à admettre ses torts, Nathalie.

Nathalie secoue la tête en riant.

— Ça fait longtemps que j'ai arrêté d'essayer !

— Xaviiieeeer ! Lââââche-moiiii !

Lorsqu'enfin il la libère, ma sœur tente de se venger en lui frappant le torse, mais il lui dit d'arrêter de le chatouiller, ce qui la frustre encore plus. Le reste du temps, ils se textent même s'ils sont côte à côte, la tête de Laura sur l'épaule de Xavier. Ils peuvent ainsi se parler sans que nous entendions leurs conversations. Moi, pendant ce temps, je soupire d'envie. Lucien n'est (encore) jamais loin de mes pensées et Maddox est parti avec son père et sa sœur chez leur tante pour la période des fêtes. Je n'ai pas de nouvelles de lui et Xavier non plus. Mais surtout, je stresse à cause de ce que j'ai à annoncer à Laura, concernant le pensionnat. Ça devient impératif que je règle ça.

Il y a un autre sujet que nous évitons tous : Daniel St-Amour. Nous n'avons aucune nouvelle de lui depuis que nous avons appris qu'il s'était mis à l'abri. Xavier n'avait pas eu le temps d'informer Laura de toute l'histoire à l'hôpital, mais Nathalie s'en est chargé. Pour l'instant, en ce qui concerne Daniel, c'est « pas de nouvelle, bonne nouvelle ».

Chapitre 7

Je vais lui faire sa fête !

Le cadeau de Xavier, c'était un sac magique, un genre de coussin qu'on met au congélateur si on veut du froid et au micro-ondes si on veut de la chaleur.

— C'est pour ta convalescence, a-t-il bafouillé quand j'ai ouvert la boîte. Si tu l'aimes pas, je vais te trouver autre chose…

Pour être honnête, je ne vois toujours pas en quoi du froid et de la chaleur pourraient m'aider à guérir d'une infection pulmonaire, mais j'étais tellement touchée qu'il m'ait fait un cadeau que j'en ai pleuré de joie.

— Je l'adore, merci ! Je vais l'utiliser, c'est sûr ! ai-je déclaré.

— De rien ! Tu veux que je te le chauffe pour essayer ?

C'est comme ça que je me suis retrouvée avec un sac brûlant autour du cou après avoir mangé de la bûche de Noël. Marie-Douce s'est cachée pour s'esclaffer. Elle a tellement ri qu'elle en pleurait et elle a dû monter dans notre chambre pour se calmer.

Xavier a passé pratiquement toute la semaine de congé avec moi avant de partir avec sa mère pour le Nouvel An. Il arrivait vers 10 heures chaque matin et repartait après le souper. Ç'a été la plus belle semaine de ma vie entière. Nous avons joué au Monopoly avec Hugo et ma mère, au « trou de cul » avec Corentin et Marie-Douce, au backgammon juste nous deux… et on a parlé. On a beaucoup beaucoup parlé. Blottis l'un contre l'autre dans le divan sur lequel Xavier était confiné en raison de sa fracture au pied il n'y a pas si longtemps, nous avons presque épuisé tous les sujets de conversation. Il m'a raconté que le problème d'accumulation compulsive de sa mère a commencé lentement, mais que la maison n'était plus habitable depuis qu'il avait fêté son dixième anniversaire. C'est à ce moment-là que l'ampleur des dégâts s'est étendue jusque dans sa chambre.

— Ç'a commencé par la nourriture pour animaux, m'a-t-il raconté, la gorge serrée. Notre chat était mort depuis des mois, mais elle continuait à acheter des sacs de bouffe pour « le prochain ». Comme tu peux t'en douter, il n'y en a jamais eu, de prochain chat. Ensuite, elle y a mis des boîtes de trucs recyclés. Des bouteilles d'eau de Javel vides, parce qu'on pouvait supposément faire bien des choses en bricolant ce genre de récipient, des canettes, des bouteilles de vin, des bouchons de liège, et j'en passe. Notre comptoir de cuisine n'a jamais été dégagé. La table non plus. Je mangeais en tenant mon assiette sur mes genoux. Je sais qu'elle avait honte et qu'elle était déprimée. Il y a des jours où elle pleurait et me disait qu'elle était désolée. D'autres jours, elle faisait comme s'il n'y avait rien d'anormal dans notre mode de vie. Moi, tout ce que je voulais, c'était m'enfuir.

L'histoire a continué ainsi, jusqu'à ce qu'il ne lui reste que son matelas qu'il n'était en mesure d'atteindre qu'en enjambant les articles que sa mère ne pouvait se résoudre à jeter. Stéphane, son père, était rarement présent, car il était souvent déployé à l'étranger. Il a tenté de faire sortir son fils de l'environnement malsain qu'Élise créait au fil des mois, mais elle réussissait toujours à le convaincre de ne rien faire en lui promettant l'impossible, c'est-à-dire de vider la maison. Mais elle ne le faisait jamais. Au contraire.

Xavier a commencé à fuguer pour échapper à cette situation intenable. Il a vu une travailleuse sociale, mais elle était aussi chargée de cas soi-disant plus lourds que le sien. Tant qu'il n'était pas mal nourri, négligé ou battu, elle n'insisterait pas pour qu'il soit placé ailleurs. Paradoxalement, même si Xavier souffrait à cause de la maladie de sa mère, il ne voulait pas vivre dans une famille d'accueil. Quand il songeait à fuir, c'était pour être libre, et non pas se retrouver chez des inconnus. Quand madame Hudon, la travailleuse sociale, arrivait, il se dépêchait de cacher le pire, travaillant à la sueur de son front de gamin pour dégager le salon. Et, semble-t-il, madame Hudon ne cherchait pas bien loin pour trouver le problème. Elle avait d'autres chats à fouetter. En gros, que Xavier fasse bonne figure faisait son affaire.

— J'aime ma mère parce qu'elle est ma mère, mais maintenant que je suis plus vieux, et avec le recul, je la déteste davantage que je l'aime. Je ne veux plus la voir. Elle a pas que son problème compulsif. Les derniers mois, avant que Daniel m'accueille chez lui, elle était jamais là. Maintenant, elle se fiche de ce qui peut bien m'arriver sauf quand il lui prend l'envie de contrôler ma vie. Et elle le fait quand ça fait son affaire à elle. Des fois, je me sens comme si j'étais une de ses boîtes de souliers couverte d'une pile de gadgets inutiles.

Qu'est-ce qu'on peut dire à quelqu'un qui nous raconte une histoire pareille ? Rien. Je me suis contentée de le serrer dans mes bras et il m'a à son tour embrassée très fort.

— Merci de ne pas me juger pour ça, Laura, a-t-il murmuré avec tristesse.

— Je ne te jugerai jamais à cause de tes parents, voyons !

— J'avais l'impression d'être le produit d'une montagne d'ordures. D'être juste ça : un déchet vivant. Je sais, c'est con, mais c'était comme ça que je me sentais. Je voulais que personne le sache. Même Maddox a jamais mis les pieds dans la maison de ma mère. Encore maintenant, je suis incapable de garder des choses inutiles. Je jette tout à mesure.

Maintenant que j'y pense, c'est vrai qu'à part ses vêtements, Xavier n'a rien dans sa chambre. Il pourrait tout mettre dans un baluchon et hop ! partir avec toutes ses affaires.

— Oooh non, Xavier. Ça me brise le cœur que t'aies pensé ça une seule seconde, ai-je dit, les yeux pleins de larmes. Et Kim, elle a vu ta maison ?

Il a secoué la tête.

— Je ne lui ai jamais montré, mais je pense qu'elle est venue espionner. Elle aimait pas ça que je lui cache ma maison.

J'aurais aimé que Xavier m'en dise davantage sur sa relation avec Kim Buteau. Comment elle était avec lui, ce qu'il aimait d'elle et tous ces détails qu'une fille veut connaître concernant l'ex de son nouvel amoureux, mais il n'en parle jamais.

— Et ton père, dans tout ça ?

À cette question, le regard de Xavier s'est assombri. Il a détourné le regard et j'ai senti qu'il retenait ses larmes. Nous étions encore sur le sofa, assis face à face, nos jambes entremêlées. Hugo et Nathalie étaient partis faire des courses et Marie-Douce se trouvait à l'étage, occupée à je ne sais quoi, probablement plongée dans un bouquin ou en train de jouer sur son iPhone. Bref, nous étions seuls au monde et Xavier pouvait vraiment se confier.

— Ce que je vais dire va sonner très mal, mais la mort de mon père a été la meilleure chose qui me soit arrivée.

Il a eu de la difficulté à terminer sa phrase, séchant ses paupières à l'aide de l'une de ses manches.

— Tu l'aimais pas ? ai-je demandé naïvement.

— Je l'adorais, au contraire. Mon père, c'était mon héros, c'était de l'or en barre. Il était grand, fort, gentil, intelligent. Il me rapportait toujours un cadeau quand il revenait d'un déploiement.

— T'es chanceux, mon père ne me rapportait rien, à moi, quand il revenait de ses missions, ai-je marmonné.

C'était une erreur de dire ça. Je l'ai vite perçu dans la grimace de douleur qui a déformé la bouche de Xavier.

— J'en voulais tellement pas, de nouvelles bébelles, Laura. J'avais besoin de vide et d'ordre, pas de nouveaux trucs à ajouter sur les piles de cossins inutiles. Je voulais sa présence, j'avais besoin qu'il intervienne et qu'il me prenne en charge.

— Je suis désolée, ai-je dit avec une tristesse qui me brisait l'âme.

Xavier a saisi ma main pour me rassurer.

— T'en fais pas, je sais que t'as eu tes propres problèmes avec ton père.

— Mais pourquoi est-ce que la mort de ton père a été un cadeau du ciel? ai-je demandé, me rendant compte qu'on s'éloignait du sujet.

— Parce que c'est à ce moment-là que Daniel… euh… ton père, a tout pris en main. Il m'a sorti de cette maison, m'a pris sous son aile et, du jour au lendemain, ma vie a complètement changé.

Xavier m'a dévisagée comme si ce qui allait suivre risquait de me mettre en colère. Je lui ai souri pour l'encourager à continuer.

— Il m'a emmené chez lui et Martine, dans leur nouvelle maison à Vaudreuil-sur-le-Lac. Il m'a inscrit dans différents camps de hockey pour m'occuper tout l'été. J'avais dû abandonner mon sport préféré depuis deux ans. J'ai travaillé hyper fort pour me remettre au niveau des meilleurs joueurs de mon âge. J'ai pu le faire grâce à ton père et à Martine. Il s'est occupé de Maddox aussi. Il a dépensé une fortune pour nous donner une chance de faire ce dont on rêvait. L'école privée de Maddox coûte les yeux de la tête…

Ses derniers mots l'ont mis mal à l'aise.

— Qu'est-ce qu'il y a ? ai-je demandé quand même.

— Tu pourrais te révolter, Laura. C'est ton père et il s'occupe davantage de Maddox et de moi que de toi…

Il avait raison, ses aveux m'ont fait mal. J'avais de la difficulté à ne pas pleurer. Mon propre père m'a mise de côté pour se donner corps, âme et portefeuille à deux inconnus. Ma mère et moi avons vécu dans un tout petit appartement parce qu'elle n'avait pas d'argent. Je me doute que mon père a utilisé l'héritage qu'il a reçu de ses parents qui avaient gratté leurs sous toute leur vie pour prendre soin de Xavier et Maddox. Malgré tout, puisqu'il s'agit de Xavier, je suis incapable de lui en vouloir.

— Je pense que papa se reconnaît en toi, Xavier. Tu lui ressembles, d'une certaine façon.

Ce commentaire l'a fait sourire.

— Merci, Laura... Tu dis des choses comme ça et je me sens vraiment con.

— Pourquoi ?

— Parce que même si une partie de moi ne voulait absolument pas te connaître, je savais qui t'étais depuis le début. Maddox et moi, on t'a cherchée. T'étais pas sur Facebook ou aucun réseau social, mais on a trouvé assez facilement ton adresse.

Mon cœur s'est arrêté à cet aveu. Ils ont cherché à savoir qui j'étais ?

— T'as... euh... tu m'as... espionnée ? Pourquoi tu t'es donné la peine de le faire puisque tu ne voulais pas me connaître ?

— Non, pas espionnée, en tout cas pas vraiment. J'étais déchiré entre mon envie de découvrir qui tu étais et celle de faire comme si t'existais pas, même si... euh...

— Même si quoi ? ai-je demandé.

— Je te trouvais belle.

— Han ? Pour de vrai ?

Il a serré mes doigts qu'il tenait déjà entre les siens pour m'attirer à lui et me garder contre son flanc, ma tête sur son épaule. Le baiser qu'il a déposé doucement sur mon front m'a fait fondre.

— Je me suis tellement trompé sur toi. J'étais sûr que t'allais tout faire pour que ton père m'abandonne. J'avais entendu parler de ton histoire avec Marie-Douce, de la fois où vous vous étiez battues pour un t-shirt et que Corentin t'avait fait honte devant tout le monde. Le mot courait que tu voulais te débarrasser d'elle.

Ce petit rappel de mon humiliation m'a poussée à me cacher le visage contre sa poitrine.

— Oh, mon Dieu ! Cette histoire horrible s'est rendue jusqu'à toi ? ai-je demandé d'une voix étouffée par le coton de son chandail. Ça veut dire que tout le monde sait ce qui est arrivé ce jour-là !

— Oh que oui ! C'était donc très facile de te haïr avant même de te parler.

— Ça explique pourquoi t'étais aussi désagréable avec moi.

Cette affirmation l'a fait soupirer.

— J'ai essayé de l'être aussi longtemps que possible, mais ta personnalité m'a rendu la tâche difficile. Tu étais tellement… intrigante ! Tu veux savoir à quel moment exact je suis tombé amoureux de toi ?

Euh… BIEN SÛR QUE OUI !

— T'es capable de le dire à la minute près ?

— Oui.

— Allez ! Dis-moi !

— Quand je suis allé te chercher au centre culturel parce que ton père arrivait pour nous donner un *lift*. Je pense que Marie-Douce était en répétition pour le spectacle.

— La fois où tu m'as volé mon agenda et que tu m'as niaisée en le lisant ?

— Ah, c'est vrai que j'ai fait ça ! C'était chien, hein ?

— Viens pas me dire que t'es tombé amoureux en me niaisant !

— Non… juste après. Quand je t'ai dit que j'avais pris ta chambre.

— Han ? Je ne te suis pas…

— Je m'attendais à ce que tu me dises de dégager, que tu voulais reprendre ta chambre, mais t'as dit, tout bonnement : « c'est correct ». T'as même dit que t'allais dormir sur le matelas de camping. Ça m'a causé un choc.

— Un choc parce que j'étais gentille ?

— Oui, parce que t'étais généreuse avec moi, même si j'avais été invivable avec toi. Mais évidemment, tout de suite après, quand j'ai proposé qu'on regarde un film ensemble un moment donné, tu m'as fait savoir que ça arriverait JAMAIS.

— Tu le méritais, après le coup de l'agenda.

— Oui, je le méritais, et je le savais en plus. De toute façon, ça faisait mon affaire, je voulais continuer à te haïr pour un bout de temps.

— Hé ! Vraiment ?

— Je sortais avec Kim et toi, t'étais gaga de Sam Desjardins.

— Oh, mon Dieu ! Et le lendemain, je me suis jetée dans tes bras.

Aux soubresauts de sa poitrine, j'ai senti qu'il riait.

— Oh, oui ! Quand je suis entré chez Corentin, tu m'as surpris. Tu m'as touché droit au cœur, dit-il en me serrant contre lui. J'aurais jamais imaginé que tu ferais ça.

Et là, j'ai hésité. La vérité, c'est que je croyais que c'était Samuel, et non Xavier, qui entrait dans le hall des Cœur-de-Lion. Dans ma tête, j'étreignais SAMUEL ! Devais-je lui dire ça ? Mamie Jackie m'a déjà dit que toute femme intelligente possède et conserve ses secrets. En voilà un que je me promets d'emporter dans ma tombe.

Les vacances des fêtes tirent malheureusement à leur fin. Dans trois jours à peine, l'école reprend. Je suis assez forte pour y aller. J'appréhende un peu ce retour en classe, surtout à cause de ma nouvelle relation avec Xavier. Je ne sais pas comment ça se passera. Une chance que j'ai Marie-Douce, parce qu'il y a déjà plusieurs personnes qui me tourneront le dos, dont Alexandrine, Clémentine, Samuel, Constance, Samantha, Kim... Est-ce que j'en oublie ? Sûrement.

Marie-Douce est sous la douche et moi, je flâne dans notre chambre à ressasser mes souvenirs de la merveilleuse semaine qui vient de passer lorsque j'entends la sonnette de la porte d'entrée retentir. Je descends pour ouvrir. Sur le perron, je trouve Miranda, les joues rouges et les yeux brillants.

— Salut, Laura ! J'espère que ma fille est ici. Je suis venue lui faire une surprise. J'ai trouvé une boutique sensationnelle pour décorer sa nouvelle chambre !

Mais de quoi parle-t-elle ?

— Euh… On redécore sa chambre ?

Miranda me contourne pour entrer et bat l'air de la main.

— Ne sois pas idiote ! me lance-t-elle avec légèreté. Je parle de sa chambre au pensionnat, voyons ! Au Collège des Arts de la Tourelle où elle ira dans quelques jours ! Elle ne te l'a pas dit ? Ma fille a été acceptée dans l'un des collèges artistiques les plus prestigieux du pays !

Han ?

Je sens le sang battre à mes tempes et mes oreilles brûlent. Qu'est-ce que ma sœur m'a caché ? Elle m'abandonne sans m'avertir ? Elle me laisse tomber comme une vieille chaussette ? Elle allait filer à l'anglaise ? Oh que je vais lui faire sa fête, à elle, quand je vais l'attraper !

— Laura, est-ce que ça va ? Pourquoi est-ce que tes narines palpitent comme celles d'un taureau ? demande Miranda.

J'espère pour Marie-Douce qu'elle ne prévoit pas porter une robe rouge aujourd'hui.

Chapitre 8

Mauvaise surprise...

La porte de notre chambre claque contre le mur avec une telle violence que je sursaute sur le seuil de notre salle de bains, en échappant presque la serviette blanche qui me couvre. C'est Laura qui vient d'entrer et qui me foudroie du regard. Elle est livide.

— C'est quoi cette histoire de pensionnat? s'écrie-t-elle.

Non, « hurle-t-elle » serait plus juste.

— Quoi?

J'ai très bien compris, mais je fais la cruche afin de me laisser quelques secondes de plus pour penser à la meilleure façon d'aborder la situation.

— Ta mère est en bas! Elle vient de me dire que tu t'en allais dans un foutu pensionnat dans quelques jours! Elle est venue te faire une surprise. Elle veut aller faire des emplettes pour ta nouvelle chambre!

— Ah, merde.

Je pense que je vais assommer ma mère. J'allais en parler à Laura dans l'heure. J'étais prête. J'avais préparé mon discours. J'avais les bons mots pour qu'elle comprenne mes raisons pour aller au pensionnat. Je voulais lui rappeler tous les regards, tous les commentaires que les filles chuchotent dans mon dos à la Cité-des-Jeunes et lui expliquer que ce que je souhaite faire dans la vie, c'est danser. Que je reviendrais toutes les fins de semaine, que nous aurions l'été ensemble. Que de toute façon, désormais, elle avait Xavier avec qui elle passerait le plus clair de son temps. Mais noooon! Il a fallu que Miranda aille dévoiler mon secret à Laura et gâcher mon beau *speech* plein d'empathie et de fioritures.

— Merde? C'est tout ce que t'as à me dire? rugit-elle.

— Bien sûr que non... Laura, j'avais prévu t'en parler aujourd'hui.

Même si je dois avouer que j'aurais préféré avoir la chance de m'habiller avant d'avoir cette conversation.

— Pourquoi aujourd'hui? Depuis quand est-ce que tu prépares cette histoire de... de... pensionnat?

Elle crache le mot « pensionnat » comme s'il était le terme le plus vilain de la langue française.

— C'est récent...

— Récent, comment?

— Environ un mois. Laisse-moi t'expliquer!

— Vas-y, je t'écoute, lance-t-elle froidement.

Mais Laura n'est pas prête à vraiment m'écouter. Elle évite mon regard et sa mâchoire est crispée. Je sais qu'elle se retient pour ne pas sortir en martelant le plancher de ses semelles. Je l'ai rarement vue aussi en colère. La dernière fois, c'était le jour de son déménagement ici. Son regard est si noir que j'en ravale ma salive, tenant ma serviette en croisant les bras contre ma poitrine. Ce faisant, je peux cacher mes mains qui tremblent.

— Assois-toi, s'il te plaît.

Ma sœur se laisse choir sur son lit si brusquement qu'elle rebondit sur son matelas.

— Voilà. Je suis assise.

Je lui explique, en parlant le plus doucement possible, ce qu'est le collège de la Tourelle, à quel point c'est difficile d'y entrer et l'importance pour moi de m'éloigner de notre école. Les yeux plissés, les lèvres serrées, Laura me laisse parler sans m'interrompre.

— J'imagine que c'est l'école de Maddox ? finit-elle par marmonner. Il me semble qu'il y a pas mal de similitudes avec le peu qu'on sait à ce sujet.

Je secoue la tête en haussant les épaules.

— Je ne le sais pas.

— Mon œil, que tu ne le sais pas ! Je ne te crois pas ! Je vais demander à Xavier. Il le saura, lui ! dit-elle en se levant.

— Non ! Laura, la vérité, c'est que…

— Ah ! La vérité ! Tu vas enfin me la dire ?

— En fait, c'est con, mais je ne veux pas le savoir d'avance. S'il est là, alors tant mieux, sinon, c'est tant pis. C'est pas pour Maddox que je me suis inscrite, c'est pour moi.

— Pour toi, han ? C'est pour ton petit toi-même que tu me laisses tomber ? Bravo ! fait-elle en tapant des mains.

— Laura, je t'en prie…

Un silence s'abat entre nous. J'ai envie de pleurer, mais je me contrôle. Je dois laisser Laura se calmer un peu: je la connais, quand elle est furieuse, elle commence à raconter n'importe quoi et elle peut dire des choses blessantes qu'elle ne pense pas vraiment. J'ai tellement peur qu'elle explose que je n'ose même pas prendre les vêtements que j'ai laissés sur mon lit en sortant de la douche. Je me contente de faire la statue dans ma petite serviette de bain. J'en oublie même de respirer.

— Ça va, finit-elle par murmurer sans me regarder. Je ne demanderai rien à Xavier.

— Merci.

— Comment peux-tu m'abandonner comme ça? Je vais faire quoi, moi, sans toi? À part Corentin et Xavier, plus personne ne me parle!

Tout à coup, ses yeux sont pleins d'eau et son menton est crispé. Sa rage laisse place à une détresse bien réelle. Les larmes ne tardent pas à couler sur ses joues, ses cheveux bruns tombant en longues mèches devant son visage lorsqu'elle baisse la tête.

— Mais justement, t'as Xavier maintenant. De toute façon, depuis que tu sors avec lui, tu ne me vois même plus. C'est comme si j'existais pas dans ton univers…

— C'est pas vrai! T'es la personne la plus importante de toute ma vie! se défend ma sœur.

— Et je le serai jusqu'à ma mort, mais présentement, j'ai besoin de m'en aller. C'est viscéral.

Elle relève la tête en reniflant.

— T'es consciente que la plupart de nos amis vont me tourner le dos dès qu'ils me verront apparaître dans la salle F ? Je ne peux pas affronter ça sans toi, Marie-Douce.

C'est vrai que sa nouvelle relation avec Xavier et le tourbillon des récents événements vont causer bien des dommages dans sa vie sociale. À commencer par les Desjardins, puis Alexandrine et compagnie. Il faudra que ma sœur se fasse de nouveaux amis ou qu'elle trouve un moyen d'amadouer ceux qu'elle a froissés.

— Il y a plein de filles qui font déjà la file pour être ton amie.

— Tu dis n'importe quoi.

Utilisant mes doigts, j'énumère les noms qui me viennent à l'esprit.

— Héloïse Chouinard, Ève Trahan, Lilianne Auger, Véronique Larouche…

— Tu veux que je me tienne avec la gang de potineuses, c'est ça ? Je pense que je vais manger mes lunchs dans les toilettes des filles, merci bien.

— Ouin, t'as pas tort… Mais y a plein d'autres filles qui sont *cool* avec toi ! T'as juste à leur laisser une chance.

Ma sœur éclate d'un rire triste.

— Te rends-tu compte que t'es en train de me dire de me rapprocher des mêmes filles que toi tu fuis en allant dans un pensionnat, Marie-Douce ?

— T'as raison, dis-je en soupirant. Je suis désolée de ne pas t'avoir avertie plus tôt, Laura. Qu'est-ce que je peux faire pour que tu me pardonnes ? Je ferai n'importe quoi !

Je m'attends à ce que Laura invente un défi impossible ou quelque chose du genre, mais à mon étonnement, elle se contente de hausser les épaules.

— J'espère que tu fais le bon choix.

Attendrie, je la serre dans mes bras dans un long câlin.

— Je t'adore, tu le sais, ça ?

Laura appuie son menton sur mon épaule. Elle renifle dans mon oreille et je devine qu'elle a recommencé à pleurer.

Chapitre 9

Signé : moi

Le départ de ma sœur a eu lieu hier matin. Le cœur dans la gorge, j'ai accompagné Hugo, Miranda, Corentin et Marie-Douce pour le mini-déménagement de cette dernière. Nous avons croisé des gardiens en entrant et en sortant de l'école et dû franchir un détecteur de métal. Pourquoi tant de sécurité ? Je pensais que c'était un collège pour jeunes artistes et non une prison !

Je croyais que les dortoirs seraient comme dans les films, mais ce n'est pas ainsi au collège de la Tourelle. Elles sont deux élèves dans chaque chambre. Celle de Marie-Douce était donc déjà à moitié décorée quand nous sommes entrés. Le côté vide était franchement lugubre : un lit sur une base de métal avec un matelas gris de vinyle, sûrement pour ne pas laisser les acariens s'incruster dans les fibres. Tant mieux ! Un peu de « poush-poush », un coup de guenille mouillée et ma sœur n'aura pas à dormir dans les bactéries des filles qui l'ont précédée dans ce lit.

Nous sommes arrivés tôt pour qu'elle ait le temps de s'installer et n'avons donc pas rencontré sa cochambreuse. C'est dommage, parce que j'aurais vraiment voulu poser les yeux sur celle qui aura l'honneur de cohabiter avec ma Marie-Douce d'amour. Elle ferait mieux d'être gentille, sinon elle aura affaire à moi.

Après ma réaction à la nouvelle de son départ, ma sœur m'a fait une gaufre avec de la crème fouettée pour se faire pardonner. C'est seulement dommage que les fraises ne soient pas de saison…

Xavier a dû aller à Gatineau avec sa mère pour fêter le Nouvel An. Nous étions censés marcher ensemble ce matin. C'est ce qu'on s'était dit. Mais vers 7 heures, il m'a texté pour me dire qu'il ne serait pas à l'école aujourd'hui. Quand je lui ai demandé pourquoi, il ne m'a pas répondu. J'ai vite contacté Martine qui m'a informée qu'il était malade : une vilaine gastroentérite, semble-t-il. Elle a ajouté qu'il était très contagieux et que ce serait mieux pour moi de ne pas venir à la maison, puisque je me remets à peine d'une infection grave et que mon système immunitaire est encore fragile.

Je n'ai donc pas vu Xavier ces derniers jours. Il me manque terriblement. J'ai été gâtée durant le long congé : il était tout le temps avec moi, ou presque. Et là, me voilà seule, sans ma sœur ni mes anciens amis pour retourner en classe. Corentin représente mon seul espoir de ne pas manger mon lunch dans une cabine des toilettes.

J'appréhende mon entrée dans la salle F à un point tel que je dois me forcer à lever le menton pour ne pas avoir la face dans mes souliers en passant la porte vitrée. Rapidement, je me rends à mon casier et, camouflée par mes cheveux, je compose de mes doigts nerveux le code de mon cadenas. Normalement, mon passage parmi les attroupements d'élèves génère des sourires et des bonjours. Aujourd'hui, c'est le vide. Je me sens toutefois observée de loin, comme si j'étais revenue d'un séjour en prison pour un méfait innommable.

Dans un coin se tiennent Constance et Samantha, à côté de Samuel qui discute avec ses amis habituels, dont Maurice Gadbois et d'autres que je ne connais que de vue. Lorsque je croise le regard de Maurice, il me fait un sourire faible et détourne rapidement le regard. Samuel, quant à lui, agit comme si je n'existais pas. Mon cœur se serre devant son attitude, mais je peux comprendre : ne lui ai-je pas brisé le cœur alors qu'il était super gentil avec moi ?

J'hésite à parler à Constance et Samantha. Comment me recevront-elles ? Elles m'évitent depuis que j'ai cassé avec Samuel. Est-ce qu'elles m'avaient reparlé par la suite ? Je cherche fort dans mes souvenirs pourtant pas si lointains, mais c'est trop flou. Depuis mon épisode de perte de conscience en raison de mon infection à Noël, j'ai des trous de mémoire. J'espère que je ne créerai pas de situations gênantes juste parce que je ne me souviens plus de qui ne me parle plus !

D'emblée, je sais que je dois éviter Alexandrine et Clémentine, ainsi que toute fille qui se trouve dans leur cercle. Savent-elles que je sors avec Xavier ? Par la force des choses, nous avons été très discrets durant la dernière semaine. Personne ne nous a encore vus ensemble, puisque nous étions confinés au sofa de la maison du Vieux-Vaudreuil. Il leur aurait fallu des longues-vues rivées sur la fenêtre de notre salon ou encore un système d'écoute comme dans les films d'espionnage. Puis, je songe à Corentin qui est passé nous voir à quelques reprises. Il suffit qu'il ait annoncé ma nouvelle relation avec Xavier à une seule personne pour que ça ait fait le tour de l'école. Je peux donc tenir pour acquis que mon secret n'en est plus un.

Au moment où je ferme mon casier, une enveloppe blanche s'en échappe et virevolte jusqu'au sol. Je la saisis avant que mon voisin de casier, Mathis St-Amant, ne la piétine par inadvertance avec ses grosses bottes boueuses. Elle m'est adressée: mon nom est inscrit dans une écriture plutôt carrée. Je n'ai pas le temps de l'ouvrir pour découvrir qui m'a laissé cette note, car tout le monde commence à monter vers les classes. La cloche sonnera dans quelques secondes et je risque d'être en retard pour mon cours de mathématiques.

C'est la première fois de ma vie que je me rends en classe sans avoir parlé à qui que ce soit. Ça me fait un peu comprendre ce que ressentent ceux qui n'ont pas d'amis. Cette espèce de solitude, de sentiment d'être à part des autres, de ne pas faire partie de la gang. La dernière fois que je me suis sentie comme ça, c'était après l'histoire du t-shirt de Duran Duran, quand Corentin m'avait fait honte devant tout le monde en disant que j'avais été méchante.

Je maudis mes trous de mémoire. Ai-je encore été méchante avec quelqu'un durant la dernière semaine d'école avant Noël ? Ou est-ce que tout le monde me déteste parce que j'ai osé casser avec Samuel pour me rapprocher de Xavier ? Si Marie-Douce était avec moi, elle pourrait me rappeler ce qui s'est passé et je ne serais pas seule dans mon coin. Je suis vraiment VRAIMENT déçue qu'elle soit partie dans un pensionnat. Pire ! Je suis fâchée qu'elle m'abandonne alors que j'ai besoin d'elle. Je me suis forcée pour ne pas la faire sentir (trop) mal. Je sais que ma sœur trouvait la vie difficile à la Cité-des-Jeunes après toutes les histoires qui ont couru à son sujet. De plus, avec le talent qu'elle possède en danse, elle mérite sa place dans une école spécialisée. Donc, oui, je comprends sa décision et je la respecte. Mais cela ne signifie pas que je ne souffre pas de son absence, bien au contraire.

Dans le cours de maths, madame Courchesne tarde à entamer la matière et nous raconte ses vacances. Discrètement, je retire l'enveloppe mystérieuse qui m'est adressée de mon manuel de maths. J'ai un peu peur de l'ouvrir, pour être honnête. Je n'ai aucune idée de la provenance d'une telle lettre, ni de ce que l'expéditeur peut avoir à me communiquer qui nécessite qu'il m'écrive plutôt que de me le dire de vive voix.

Mes doigts tremblent et mon cœur frétille alors que je déplie la missive. Ce que j'y trouve me laisse sans voix.

Chère Laura,

Je dois absolument te dire ce que j'ai sur le cœur. Ça fait des années que je t'admire, que je t'observe et que je t'aime à la folie. Toutefois, je n'ose pas te dire qui je suis, du moins pas tout de suite. Il faudra que tu regardes autour de toi pour découvrir la personne merveilleuse que je suis pour qu'à ton tour, tu tombes amoureuse de moi. C'est mon rêve le plus cher.

Je t'aime,

Signé : Moi.

Je relis la note quatre fois, ravalant ma salive à chaque nouvelle lecture. Ce n'est assurément pas l'écriture de Xavier, ni d'aucun autre garçon de ma connaissance. Je regarde autour de moi avec attention, cherchant parmi les visages s'il y en a un qui m'observe avec un peu trop d'attention. Ce que je constate, c'est que pratiquement tout le monde a les yeux rivés sur moi.

Chapitre 10

L'index-couteau imaginaire

Je me sens libérée! Une nouvelle école, de nouveaux murs, de nouvelles âmes à côtoyer, et personne (du moins, je crois) qui connaît mes histoires avec Lucien, les Full Power et la photo virale de Cendrillon. Ça fait du bien!

Ma cochambreuse est plutôt loquace, elle s'appelle Vivianne Mendoza et elle ressemble comme deux gouttes d'eau à Miley Cyrus. Pendant un instant, j'ai cru halluciner que l'actrice de *Hannah Montana* entrait dans ma chambre. Les mêmes yeux bleus, lèvres en cœur et pommettes hautes. Ses cheveux sont blond platine, coupés très courts et elle porte du rouge à lèvres écarlate. Ici, c'est un collège pour artistes. Il n'y a donc pas d'uniforme. Les étudiants, tous pensionnaires, sont encouragés à se vêtir avec originalité, « tant qu'une certaine décence est respectée », m'a expliqué Vivianne.

— Ici, les règles sont relativement souples, ajoute-t-elle lorsque vient le temps de se coucher.

— Je commence à le croire, dis-je. J'ai lu le document. Nous n'avons même pas de couvre-feu! Est-ce qu'il y a des règlements concernant les cellulaires et l'accès à internet?

— Pas besoin de règlement pour les cellulaires. Les murs de cette monstrueuse bâtisse antique sont si épais et si denses qu'aucun signal ne peut atteindre nos appareils. Il faut sortir à l'extérieur pour avoir le

3G, et encore... On dirait qu'ils ont fait exprès, c'est super lent.

— Ma sœur va capoter. Elle voulait que je communique avec elle très souvent.

— Moi, ça fait mon affaire, me confie Vivianne. J'ai une mère un peu envahissante. Quand j'ai pas envie de répondre à ses messages, je peux toujours prétexter que je n'ai pas de signal.

— La mienne aussi est achalante, mais pas au point d'être harcelante... juste extravagante sur les bords.

Ma remarque la fait sourire et elle dévoile ses dents d'un blanc immaculé. Je me demande si elle se *bleach* les dents en même temps que les cheveux... Ma pensée me fait rire toute seule.

— Pourquoi tu ris, Marie-Douce ?

— Oh, rien. Je suis juste un peu fatiguée, et peut-être aussi un peu nerveuse pour demain, dis-je.

— Ouais, je voulais justement te parler de ça. La direction de l'école considère qu'il est inutile de nous mettre trop de règles parce qu'ici, c'est la loi de la jungle. C'est pas des *jokes*, me dit-elle d'un ton presque sévère. Si t'es pas de taille, tu te fais renvoyer. J'ai perdu quelques amis à cause de ça.

— Ah oui ?

— Comment crois-tu que t'aies pu entrer ici en plein mois de janvier ? Mon ancienne cochambreuse s'est fait virer de l'école au début de décembre, m'explique Vivianne, les yeux ronds.

— Qu'est-ce qu'elle a fait de mal ?

— Elle a rien fait de mal, Charlotte était une élève modèle.

— Mais pourquoi, alors ?

— Une ou deux fois par année, la direction et les professeurs organisent ce qu'on surnomme les « auditions de l'enfer ». Parfois, c'est pour tous les élèves et d'autres fois, ils nous désignent au hasard et ne font auditionner qu'un petit groupe. Elles sont redoutées par tout le monde, parce qu'on sait très bien qu'il y a toujours des élèves qui n'y survivent pas. C'est leur façon de nous tenir à notre place. Parce que si nous faisons la fête un soir et que, le lendemain, il y a une de ces auditions, c'est beu-bye la visite ! affirme-t-elle en mimant un couteau d'un doigt sur sa gorge. Charlotte allait pas bien lors des dernières auditions de l'enfer et madame Lessard a décidé de l'évincer, juste comme ça, sur un coup de tête.

Au nom de mon ancienne professeure privée qui m'a aidée à entrer dans ce collège, je frémis. Une pensée alarmante vient me hanter : est-ce que madame Lessard aurait fait renvoyer une élève émérite pour me permettre d'entrer ? Oh, mon Dieu ! J'espère que non !

— C'est terrible ! Je n'ai pas été avisée de ça avant d'arriver !

— As-tu lu le contrat d'inscription au complet, incluant les petits caractères ?

— Non…

— Tes parents non plus, sans doute. Personne ne le lit au complet. C'est comme ça qu'on se fait avoir, dit-elle.

— C'est stressant comme façon de procéder ! dis-je avec un frisson d'horreur.

— Donc, tu vois pourquoi les surveillants n'ont pas à faire beaucoup de discipline aux étages des chambres. Il va de soi que tout le monde se tient tranquille. Sauf, évidemment, pour ceux qui cherchent à saboter les autres. Ils sont redoutables et certains d'entre eux sont pratiquement intouchables.

Ça me donne la chair de poule, tout ça.

— Comment ça, intouchables ?

— Ce sont les enfants dont les parents font de grands dons de charité au collège et qui utilisent leurs contacts pour maintenir la réputation internationale de notre école. Tu sais, beaucoup d'élèves de la Tourelle ont gagné des prix prestigieux, notamment en arts visuels, en chant et en danse. Il y a aussi plusieurs artistes de grand renom qui ont étudié ici.

— Je savais que l'école était reconnue, mais pour être honnête, je n'ai pas trop cherché d'informations avant d'arriver ici.

Une chose que ma cochambreuse a mentionnée un peu plus tôt me chicote.

— Euh, Vivianne… il y en a beaucoup, des élèves qui essayent de mettre des bâtons dans les roues des autres ?

Vivianne me fait un sourire hésitant.

— Pas tant que ça. En fait, il y a un gars en particulier qui me vient en tête et les autres sont ses amis. Ce sont des individus de qui tu dois te tenir loin ou, du moins, rester dans leurs bonnes grâces, sinon… ziiiip ! dit-elle avec, à nouveau, son index-couteau imaginaire sur la gorge.

— Je vais m'en tenir éloignée, c'est sûr, dis-je, la voix rauque. Comment est-ce qu'on fait pour les reconnaître ? Peux-tu me dire leurs noms et de quoi ils ont l'air ?

— Oh, ma pauvre Marie-Douce, t'es blanche comme un drap, tout à coup. Je te fais peur avec toutes ces histoires. J'aurais pas dû te raconter ça dès ton premier soir ici. Je suis désolée.

— Ça va. Une fille avertie en vaut deux, dis-je en me raclant la gorge.

C'est comme si je venais d'avaler toutes ces informations de travers. Ma gorge est archi-sèche.

— Il arrive parfois que les auditions de l'enfer surviennent dès la première journée de certains élèves, ajoute-t-elle en surveillant ma réaction. Mais je suis certaine que ça ne se produira pas pour toi, t'en fais pas. As-tu une double concentration, ou juste la danse ?

— Juste la danse ! Je ne savais pas qu'on pouvait en avoir deux.

— Moi, je suis en théâtre et en danse moderne, et toi ?

— Ballet classique.

— Wow, wow, wow ! Tu seras avec les pimbêches au nez en l'air. Votre espèce snobe mon espèce. J'espère que tu me parleras encore dans quelques jours !

— Ben oui, voyons ! C'est quoi ces histoires de snober les autres ? C'est pas mon genre.

— C'est ce qu'on verra, fait Vivianne d'un ton rempli de mystère. Je te souhaite surtout de te faire accepter par la clique. Sinon… ziiip !

Chapitre 11

Mon pauvre cœur

Cette première journée d'école a été la plus longue de toute ma vie. J'ai mangé mon lunch dans la classe de récupération en maths. N'est-ce pas pathétique? C'était ça ou dîner seule à la cafétéria comme une paria. M'isoler, c'était la meilleure solution. Et je me suis dit que la classe de récupération était moins pitoyable que de m'enfermer dans une cabine des toilettes. J'ai cherché Corentin toute la journée sans succès. À qui d'autre aurais-je pu montrer la lettre anonyme? Peut-être qu'il a la gastro, lui aussi? Juste à y penser, j'ai comme un brin de nausée qui m'assaille. Je refuse de me laisser avoir par ce virus atroce. C'est impossible que je l'aie attrapé. Mon ventre gargouille bizarrement... NON! C'est juste parce que j'ai faim.

Je contacterais bien Corentin pour savoir ce qu'il fait, mais je n'ai pas eu le droit d'apporter mon iPhone à l'école. J'ai tellement chialé quand ma mère m'a annoncé cette restriction!

— De toute façon, les appareils électroniques sont interdits dans l'établissement depuis la photo virale de Marie-Douce, rappelle-toi!

— Pfff! Si monsieur Tranchemontagne croit vraiment que son interdiction est observée, il se met le doigt dans l'œil. Tout le monde a un cellulaire ou une tablette! C'est juste que les élèves les cachent bien.

— Eh bien, toi, tu vas respecter le règlement pour de vrai, m'a dit ma mère sur un ton qui ne permettait pas de protestation.

J'ai protesté quand même, évidemment.

— Mais maman ! C'est con comme la lune de ne pas me laisser mon iPhone ! Ça ne change rien que je l'aie sur moi ou non ! Et si je voulais t'appeler de toute urgence, han ? Je ferais quoi ?

Ma mère m'a fait un sourire sarcastique.

— Ben, j'imagine que tu emprunterais le cellulaire d'un ami !

Bref, la conversation a tourné en rond comme ça de longues minutes jusqu'à ce que j'abandonne. Quand ma mère a quelque chose en tête, ça prend davantage qu'une seule discussion pour la faire changer d'avis. Il faudra que je la travaille pas mal plus longtemps que ça pour la convaincre de se rallier à ma cause.

Dès que je mets le pied dans la maison du Vieux-Vaudreuil, je saisis mon iPhone pour texter Corentin.

Moi
Urgence ! T'es où ?

Corentin
Malade. Gastro.

Moi
J'ai quelque chose à te montrer, ça presse.

Corentin
Et moi, j'ai autre chose qui presse... Merci pour ton empathie, en passant.

En lisant cette réponse, je grimace. Je ne veux pas imaginer ce qui presse pour lui ! Ça doit être dégueulasse, c'est sûr. En désespoir de cause, j'envoie un texto à ma sœur. Je prie pour qu'elle puisse me répondre. Je n'ai aucune idée si elle a le droit d'utiliser son iPhone ou comment ça se passe pour elle là-bas. J'espère que Maddox est vraiment dans ce collège ; ça lui fera quelqu'un de confiance pour la guider un peu.

Hugo a préparé le souper, on mange du steak sur le BBQ… encore. Il a beau faire -15 °C, ça ne l'arrêtera jamais de se croire en plein mois de juillet.

— Mangeons dans le salon. Il y a une partie Canadiens-Bruins, ce soir.

La mention des Bruins me fait penser à Samuel. Arfff… Je m'ennuie de lui, d'une certaine façon, de sa présence… C'est bizarre, mais non moins vrai. Je ne mentionnerai pas ça à Xavier, bien sûr. Ohhhh ! J'ai un texto de lui ! Ça réchauffe mon pauvre cœur un peu déprimé.

Xavier
Allô ! Je vais mieux. J'ai mangé un bol de gruau sans vomir. Je t'aime xxx

Moi
Tant mieux ! École demain ? Je t'aime aussi xxx

Je clique sur [icône] pour envoyer mon message, puis je grimace. Devrais-je lui dire que j'ai reçu une lettre d'amour anonyme ? J'opte pour ne pas le faire. Pourquoi le stresser avec une chose pareille ? S'il recevait une lettre semblable, je crois que je ne voudrais pas le savoir. Peut-être que oui… peut-être que non, je ne sais pas ! Après mûres réflexions, je maintiens ma décision de tenir ça mort tant que je n'ai pas consulté Corentin ou Marie-Douce. Eux sauront me dire quoi faire. Ils auront peut-être aussi une meilleure idée que moi quant à l'identité de mon mystérieux soupirant, parce que moi, je n'en ai pas la moindre idée !

Chapitre 12

Note à moi-même

Je n'ai pas trop pris au sérieux les dires de Vivianne. Pour être honnête, ma cochambreuse me donne l'impression d'être du genre à exagérer les faits pour avoir une bonne histoire à raconter. N'est-elle pas dans la concentration théâtre, après tout ? Elle répétait peut-être un rôle avec moi, la nouvelle qui ne connaît rien de ce collège. Puis, la réalité me frappe en plein visage. Dès mon premier cours de ballet classique, je suis lancée dans la fosse aux lions. Les élèves, toutes semblables avec leurs cheveux tirés en chignon serré et leur léotard noir, connaissent les chorégraphies parfaitement. Moi, non. Comment le pourrais-je alors que je viens à peine d'arriver au collège ?

— Mademoiselle ! Vous resterez après le cours, me crie le prof non sans provoquer quelques petits rires étouffés et sourires cruels chez les autres élèves.

Une seule fille vient se présenter. Elle se nomme Clara. Elle me regarde avec empathie de ses yeux gris sans malice. À en croire les réactions des autres lorsqu'elle m'adresse la parole, elle ne fait pas partie de la fameuse clique. À cette pensée, un frisson me transperce ; peut-être que Vivianne n'exagérait pas autant que je l'ai cru. Une autre inconnue s'approche. Elle est clairement vénérée par le groupe. Ça se sent, ces choses-là, surtout quand ladite inconnue est manifestement plus talentueuse que la moyenne et que son visage est d'une perfection presque irréelle. Elle m'accroche en sortant de la salle.

— Hé, toi ! Ton visage me dit quelque chose. Est-ce qu'on se connaît ?

Sa question me laisse perplexe. Me reconnaît-elle à cause de la photo virale ou parce qu'on se serait déjà croisées ? Je l'observe attentivement et, à part cet air confiant qu'elle a en commun avec Kim Buteau et Alexandrine Dumais, je demeure convaincue que c'est la première fois de ma vie que je la vois.

— J'ai le genre de visage qui ressemble à bien d'autres, dis-je.

Mais cette réponse ne la satisfait pas.

— Nah ! C'est pas ça. T'as pas un visage ordinaire. As-tu des parents célèbres ? As-tu déjà joué dans un film ?

— Non…

J'essaie de m'éclipser et de mettre un terme à cette conversation, mais elle me fixe avec ses yeux d'un vert presque émeraude. Seigneur, ça doit être des verres de contact colorés. Cette couleur d'iris n'est pas humaine. À court de moyens pour me libérer de cette fatigante trop intense à mon goût, je me tourne vers Clara.

— Clara, est-ce que tu pourras m'aider pour la chorégraphie ?

Cette dernière accepte d'un signe de tête affirmatif.

— Je peux même rester après le cours avec toi, si tu veux.

— Demande pas ça à Clara. Elle ne la fait même pas comme il faut, la choré ! s'immisce la fille aux yeux verts.

— Je la trouve très habile, pourtant, dis-je calmement.

Je lui sers un sourire poli, mais froid, avant de m'éloigner pour m'étirer.

— Hé ! La nouvelle ! m'interpelle la malcommode, maintenant mécontente et visiblement insultée.

Derrière moi, j'entends des chuchotements et de petites exclamations. Je sens que mon baptême sera pénible.

— C'est Marie-Douce, pas « la nouvelle », OK ?

La main de ma nouvelle ennemie s'abat sur mon poignet et elle serre si fort que ma peau brûle.

— Je vais t'appeler comme je le veux, grogne-t-elle.

— Marie-Douce, ignore-la ! geint Clara à mes côtés.

— Clara ! Va te faire voir !

Je regarde autour de nous, espérant que le prof remarque que je me fais harceler, mais il est sorti de la salle de danse pour je ne sais quelle raison. J'ai bien envie de faire une petite prise de karaté à celle qui m'enquiquine pour la remettre à sa place, mais c'est trop tôt. Au lieu de cela, même si dans mon for intérieur je me sens minuscule et que ma nervosité est au paroxysme, je m'approche de son visage jusqu'à ce qu'on soit nez à nez. De ma main libre, je saisis son poignet et moi aussi, je serre très fort. Encore plus fort qu'elle, si c'est possible.

— C'est quoi ton nom ?

— Victoria Robert, la fille de Paul Robert.

Le nom de son père me dit quelque chose. C'est un homme de la télé… je ne sais pas trop.

— Qui est Paul Robert ?

Zut ! Ce n'est pas ce que je voulais répondre. Où est Laura quand j'ai besoin d'elle ? Elle aurait eu pas mal plus de répartie que moi dans un moment pareil.

— Mon père est ministre. On voit à quel point t'es inculte.

Ah ! C'est ça ! Paul Robert, le ministre des bobettes !

— Et le mien avocat, qu'est-ce que ça change ?

— Marie-Douce, arrête…, fait la voix Clara derrière moi. Tu ne sais pas à qui t'as affaire.

Malgré l'avertissement de Clara, je maintiens l'étau de mes doigts sur le poignet de ma nouvelle ennemie. Ça n'aura pas été long avant que je m'en fasse une.

— Pourquoi t'écoutes pas ta nouvelle *BFF* ? fait Victoria.

Je vois quelques gouttelettes de sueur perler sur son front.

— Lâche-moi d'abord, dis-je en serrant encore plus fort.

Nous sommes clairement à quelques secondes d'une bataille en règle et aucun prof ou surveillant n'intervient. C'est fascinant, cette école… Puis, au bout de quelques secondes, Victoria abandonne et détend sa poigne. Je fais de même dans la seconde qui suit, mais contrairement à elle, je m'abstiens de frotter mon poignet endolori. J'entends des soupirs de soulagement, des « wouah… t'as vu ? » et des « *oh my God !* » dans mon dos.

— Tu ne seras pas ici longtemps, crache Victoria.

— C'est ce qu'on verra ! dis-je.

Note à moi-même : il serait peut-être temps d'apprendre à me la fermer.

Chapitre 13

Grande peur

C'est jeudi : plus qu'un dodo avant de revoir Marie-Douce. Xavier est de retour à l'école depuis ce matin. Je crois – en fait, j'en suis plutôt certaine – qu'il est dans la salle G avec ses amis habituels, dont Kevin Cartier et plusieurs joueurs de son équipe de hockey, tous en secondaire 4 et 5. Les salles F et G sont séparées par un large couloir où les classes d'art plastique et la radio étudiante sont situées. Pour aller de la salle F à la salle G, on doit passer devant les escaliers menant au tunnel qui débouche sur le centre culturel et les cafétérias. Il y a plusieurs dizaines de mètres à traverser. Et moi, je suis complètement et ridiculement paralysée. Une force mystérieuse (trac, peur, crainte, envie de vomir) me colle les pieds au sol.

Je crains la réaction de ses camarades. Moi, la petite fille de secondaire 2 qui sort avec Xavier Masson, l'un des garçons les plus populaires de l'école. Cela dit, ma nervosité est probablement injustifiée, puisque je suis certaine qu'il ne laissera personne m'embêter. Ma crainte va au-delà de ce que les autres peuvent penser de ma relation avec Xavier. La peur la plus profonde et irrationnelle qui m'habite, c'est celle que Xavier ne soit pas content de me voir atterrir dans son univers et **qu'il m'ignore.** Je sais, c'est idiot, mais cette idée horrible tourne en boucle dans ma tête. Je crains qu'une fois devant ses amis, il me dise: « C'était juste une *joke*, on ne sort pas ensemble, voyons, pour qui tu te prends ? »

J'en mourrais.

Mais pourquoi est-ce que des pensées aussi terrifiantes m'habitent comme ça? Je dois tasser tout ça du revers de la main et faire taire mon cerveau cinglé.

Je suis arrivée tôt ce matin à l'école. J'espérais que Xavier se pointe dans la salle F pour me voir, mais il n'est pas venu. Attend-il que je vienne le rejoindre ? Je ne sais pas…

À la pause de la matinée, je suis encore dans la salle F. Je maudis la gastroentérite qui force Corentin à s'absenter encore. Si au moins il revenait à l'école, je pourrais m'accrocher à lui. Le pire c'est que je ne peux même pas texter un mot à Xavier. Je n'ai pas mon iPhone! Grrr!

C'est l'heure du dîner et je compte les secondes, plantée à côté de l'entrée du tunnel. Il passera certainement par ici et m'apercevra. Je me sens tellement ridicule. J'ai passé l'avant-midi à faire comme si tout allait bien alors que c'est totalement le contraire. Alexandrine passe devant moi en compagnie de Clémentine et ça me prend vraiment tout mon petit change pour garder un air détendu.

— Qu'est-ce que t'attends là, Laura?

— Rien !

— Il paraît que Marie-Douce a changé d'école ?

— Les nouvelles vont vite.

— Et je pensais que tu sortais avec Xavier, mais apparemment, la rumeur est fausse !

Ah, voilà ! Tout le monde est au courant. C'est bon à savoir !

— Pourquoi est-ce que tu dis ça ?

— Parce qu'il est avec Kim depuis ce matin et que personne ne vous a vus ensemble.

Je ravale ma salive avec difficulté. Il est avec Kim ? Pour de vrai ? Mon cœur vient de tomber dans mes semelles.

— C'est pas de tes affaires, Alex.

— Oh, ma petite chérie, tout ce qui concerne Xavier Masson, j'en fais mon affaire.

— Tu ne devrais pas, dis-je, comme un avertissement.

— Je fais ce que je veux. Tu sais bien que personne ne peut m'en empêcher.

Mal à l'aise de devoir continuer cette conversation sans issue, je serre les lèvres. Je crois que le moment est venu de m'ôter du chemin et d'aller en récupération de sciences pour manger mon lunch en faisant semblant d'écouter le prof.

Xavier, où es-tu ?

Chapitre 14

Cafétéria de l'enfer

Au collège de la Tourelle, tous les pensionnaires dînent dans la même cafétéria, mais pas nécessairement à la même heure. Cela signifie que si je n'y aperçois pas Maddox, ça ne veut pas dire qu'il n'est pas dans l'établissement. J'espère le croiser ! J'ai besoin de voir un visage connu, je me sentirais tellement rassurée !

La file d'attente de la cantine est longue. Mon ventre gargouille tellement j'ai faim. Alors que j'attends patiemment mon tour avec mon plateau vide entre les mains, plusieurs regards convergent dans ma direction. Les voix qui parlent de moi s'entremêlent :

— C'est elle ?

— Elle a tenu tête à Victoria !

— Impossible, elle a l'air d'un ange !

— Elle ne sera pas ici longtemps !

— Elle a l'air *cool*.

— Est-ce que James l'a vue ?

— D'où est-ce qu'elle sort, celle-là ? C'est une actrice ?

— Je ne sais pas, mais il me semble avoir déjà vu sa face !

— Dieu ait son âme.

Ce dernier commentaire plutôt hors du commun attire mon attention. C'est un garçon au visage rieur qui l'a prononcé. Il m'adresse un clin d'œil sympathique qui me réchauffe le cœur. Ouf ! Il y a au moins quelques bonnes âmes ici ! D'abord Vivianne, ma cochambreuse, puis Clara et maintenant ce garçon aux cheveux blonds assez longs pour en faire une queue de cheval.

Des yeux, je fais le tour de la salle. Dans un coin, en train de manger avec deux autres garçons, je le repère. Il porte un *hoody* et son capuchon est relevé sur sa tête. Il a les mêmes épaules, la même grandeur... C'est lui ! Du moins, je crois que c'est lui. La distance qui nous sépare est trop grande pour que j'en sois sûre. J'hésite à quitter la file pour aller vérifier de plus près. J'ai si faim que je ne me sens pas le courage de retarder mon accès à la nourriture qui remplira le trou noir de mon pauvre estomac. Sans quitter mon poste, je darde sur le garçon à la silhouette familière un regard intense, espérant développer des superpouvoirs qui le forceront à se retourner vers moi. Malheureusement, mes yeux ne sont pas des lasers. Le gars ne bronche pas et continue à manger son repas tranquillement.

Lorsqu'enfin mon tour arrive, je me dépêche de désigner au hasard une lasagne bien fumante. Une fois mon repas sur mon plateau, je me dirige vers celui qui me semble être Maddox. Les deux gars assis avec lui me dévisagent. J'hésite à l'apostropher.

— Hé ! T'es la nouvelle ! James, t'as vu, la nouvelle veut manger avec nous.

James ? Zut. Ce n'est pas Maddox. Je dois me retirer avec grâce de ce faux pas...

Le mystérieux James se retourne finalement et me darde d'un regard aussi noir qu'un tunnel sans fin.

Le gars affiche des traits terrifiants. Certaines le trouveraient sans doute très séduisant, mais pas moi. Je n'arrive pas à décider s'il est franchement abominable ou d'une rare beauté.

Ne juge pas trop vite, Marie-Douce !

Je marmonne :

— Je suis désolée, je t'ai pris pour quelqu'un d'autre.

Et hop ! Je pivote sur mes talons et me dirige vers une table libre à l'autre bout de la cafétéria, mais une main se pose sur mon épaule, me forçant à faire volte-face. Plusieurs élèvent me dévisagent encore. Seigneur ! Quel étrange collège ! Je constate que la main est celle du dénommé James qui m'a rejointe. Il me scrute de bas en haut pour finalement planter ses yeux dans les miens.

— Ton nom ? demande-t-il.

Il parle du même ton qu'un douanier qui a le pouvoir de me refuser d'entrer en pays étranger.

— Veux-tu mon passeport ? dis-je du tac au tac.

Ce n'était peut-être pas super intelligent de faire usage de sarcasme. Le regard du gars vient de s'assombrir. Je m'attends à une réplique cinglante, mais il ne dit rien. L'effet de son silence est pire que n'importe quelle réponse prononcée de vive voix. Je me sens obligée de lui consentir l'information qu'il cherche.

— Marie-Douce.

— Tu viens d'où ?

— Tu veux mon adresse complète ou… ?

Encore un silence oppressant.

— Vaudreuil, dis-je en roulant les yeux. Et toi ?

À ma question, James émet un petit rire sec avant de pivoter sur ses talons et de retourner s'asseoir sans me donner davantage d'attention. La distance qu'il place entre nous me libère d'un poids énorme et je me rends compte que j'avais cessé de respirer. Je m'éloigne discrètement et je suis soulagée d'apercevoir Vivianne installée avec Clara quelques tables plus loin.

— Est-ce que je peux manger avec vous ?

Les deux filles hésitent, échangeant des regards incertains.

Elles hésitent ? ? ? ?

Mon cœur se met à galoper et je sens des larmes poindre au coin de mes paupières. Mes joues sont en feu.

— Ça va… je vais aller ailleurs.

Aucune autre table n'est entièrement libre et chaque fois que j'essaie de m'asseoir à l'une d'elles, quelqu'un entrave la chaise libre d'une main. Vaincue, je dépose mon dîner encore intact sur les étagères prévues pour les assiettes sales. Je saisis toutefois mon petit pain encore chaud avant de sortir de la cafétéria d'un pas rapide.

Chapitre 15

Licornes et arcs-en-ciel

Dès que je mets le pied dans la maison, je saute sur mon super iPhone d'amour pour composer le numéro de Xavier. Ça sonne… et sonne… puis, mon cœur fait un bond.

— Laura ?

— Allô !

— T'étais où, toute la journée ? demande-t-il d'un ton inquiet.

— Ben… j'étais à l'école.

— T'es pas venue me voir ?

Je pince les lèvres et mon menton se crispe. Je suis soulagée : il n'essayait donc pas de m'ignorer. Mes paupières chauffent tellement je retiens mes larmes de joie et de soulagement. Je les retiens parce que je me sens idiote, mais aussi parce que je ne veux pas que Xavier sache que je suis un méga-bébé lala. Il était avec Kim, ce matin. Il était AVEC KIM…

— Laura ? Es-tu chez ta mère ?

— Oui…

— OK, je suis encore à l'école. J'ai un entraînement avec mon équipe. Viens me rejoindre à l'aréna après, si tu veux.

J'ai dû émettre une expiration bruyante parce que Xavier semble inquiet.

— Qu'est-ce que t'as, Lau ?

J'adore quand il m'appelle comme ça. Je fonds comme une chandelle.

— J'ai rien. Rien du tout !

— Je ne te crois pas. Quelque chose dans ta voix me semble bizarre. Préfères-tu que je vienne chez toi après ma pratique ?

Comme une enfant de cinq ans qui ne réalise pas qu'on ne la voit pas au téléphone, je fais oui de la tête.

— Lau ? Es-tu encore là ?

— Oui ! C'est super si tu viens ici tantôt.

— Laura ?

— Oui ?

— Je t'aime.

Mon cœur… mon cœur… il va exploser, c'est sûr.

— Moi aussi.

Lorsqu'il apparaît quelques heures plus tard, je ne demande pas à Xavier pourquoi il était avec Kim, ce matin. Je n'ai pas envie de le questionner sur ce sujet. De toute façon, il ne m'en laisse pas le temps : il me serre contre lui, ses lèvres sur mon front. Je pourrais rester là des heures… non, des années. Je me détache de son étreinte pour le laisser finir de retirer son attirail d'hiver. Sans hésiter, il se dirige tout droit vers la cuisine, plus précisément vers le réfrigérateur.

— J'ai encore l'estomac fragile à cause de la gastro. Avez-vous quelque chose de pas trop… euh…

— Lourd ? suppose Hugo.

— Ouais…

— J'ai fait une razzia chez Costco, tu peux prendre des Raisin Bran.

— Génial !

Xavier a déjà vécu ici et ça paraît. Sans hésiter, il verse des céréales dans un bol format salade familiale dans lequel il vide ensuite l'intégralité du contenu d'une pinte de lait. Je suis toujours bouche bée devant la quantité phénoménale de bouffe que ce garçon peut ingérer.

— As-tu des nouvelles de Marie-Douce ? me demande-t-il entre deux bouchées.

— Non, aucune.

— Moi, oui, dit Hugo en se laissant tomber dans le fauteuil du salon.

— Ah oui ?

Je suis franchement agacée que ma sœur ait écrit à son père avant de m'avoir contactée moi !

— Oui ! Elle va super bien. Elle dit qu'elle adore ses cours et que les gens sont super gentils et accueillants avec elle.

— Wow ! C'est *cool,* ça ! fait Xavier avant de prendre une autre bouchée.

Moi, je n'en suis pas si sûre. Je les dévisage l'un et l'autre en plissant les yeux. C'est trop beau pour être vrai. Je connais Marie-Douce. Si ça allait vraiment bien, elle m'aurait parlé à moi et aurait eu des commentaires plus… modérés. Elle aurait détaillé les choses qu'elle apprécie, et celles qui l'agacent. Mais là, dire à Hugo que la vie est fantastique et qu'il ne manque que les licornes et les arcs-en-ciel, je ne gobe pas ça. Même si elle est loin, je sens sa peine jusque dans mes tripes.

Chapitre 16

Cyberbouteille

J'évite le regard de Vivianne lorsque, le soir venu, après une heure de répétition avec mon prof de ballet classique, je rentre dans notre chambre. Elle m'a rejetée à la cafétéria ce midi. Je sais donc que même si elle semble très amicale, je ne peux pas lui faire confiance. Elle n'est pas de mon bord. Même chose pour Clara qui m'avait pourtant paru gentille.

Ai-je la peste ? Suis-je couverte de plaies sanguinolentes ? Comme dirait Laura, je me sens comme une goutte de Palmolive dans un bol d'eau graisseuse : tout le monde se tasse à mon arrivée.

Je saisis mon sac à main d'où je sors mon iPhone. Tout en déambulant dans le couloir qui sépare les chambres, j'écris à mon père pour lui dire que ma nouvelle vie est fantastique. OK, peut-être pas dans ces mots-là, mais je beurre épais en pleurant en silence, les yeux sur l'écran. Je pense à Laura et à quel point elle me manque. La porte qui mène aux escaliers est lourde, je la pousse avec mon arrière-train et mon dos, puis j'entame la descente vers la sortie. Dehors, je pourrai capter le 3G et envoyer mon message.

Surprise par le vent glacial, je ne sors pas tout à fait. Je tiens la porte de ma main gauche pour tendre le bras droit bien haut comme si j'espérais que les ondes attrapent ma cyberbouteille (le texto que j'essaie d'envoyer) lancée aux quatre vents et qu'elle arrive jusqu'à mon père comme par magie. Mon cellulaire émet un petit bruit qui me confirme que mon message a bien rejoint son destinataire. Je songe à écrire à Laura, mais j'abandonne rapidement l'idée. Je n'ai pas envie de lui mentir, mais je ne veux pas non plus lui révéler la vérité par message texte. Je me fais la promesse de tout lui raconter dès mon retour à Vaudreuil-Dorion cette fin de semaine.

Une bourrasque me force à rentrer et à refermer la porte. Lorsque j'entreprends de remonter, une main s'abat sur mon épaule et me force à me retourner. Par réflexe, je saisis le biceps de l'inconnu pour une prise de karaté que j'ai répétée des millions de fois. Ce n'est qu'au timbre de la voix qui murmure mon nom que je stoppe mon élan.

— Marie-Douce, c'est moi.

Maddox. Enfin !

— Allô ! J'étais pas sûre de te trouver !

— Shhh ! fait-il. Viens !

Il saisit ma main et nous fait prendre la direction du sous-sol. Nous marchons dans un couloir sombre jusqu'à une porte qui semble verrouillée. Maddox compose un code sur la serrure. Une fois la porte ouverte, une odeur de peinture fraîche nous accueille.

— Où est-ce qu'on est ?

— C'est l'atelier des artistes peintres. Je suis toujours le seul à venir ici dans la soirée.

— T'as un code et tout ?

Ignorant le fait que je suis très impressionnée – ça se voit dans mes yeux ronds comme des billes et ma bouche béante –, il acquiesce de la tête en refermant la porte, puis me fixe sans parler. Il semble agité, voire en colère. Au bout de longues secondes à faire les cent pas, il laisse échapper un long soupir.

— Alors, t'es ici pour de vrai. Quand j'ai entendu dire qu'il y avait une nouvelle fille qui s'appelait Marie-Douce, je me disais que c'était impossible. Qu'est-ce que tu fous ici ?

— T'es… euh… fâché ?

Les veines gonflées de son cou que je peux voir malgré son capuchon sont un bon indicateur de son état d'esprit. Ça et la ligne de ses lèvres, les plis sur son front et ses poings serrés.

— J'ai pas de mots pour exprimer à quel point je suis hors de moi, Marie-Douce ! Pourquoi t'es ici ? Comment ? Quand ?

Ses mots achèvent de m'anéantir après cette journée infernale. Moi qui croyais que Maddox serait heureux de me voir. Quelle niaiseuse je suis, d'avoir pensé une chose pareille ! Au lieu de lui répondre, je me retourne vers la porte pour tenter de l'ouvrir, mais Maddox est plus rapide et se retrouve entre moi et la sortie en une fraction de seconde, sa main sur la poignée pour m'empêcher d'ouvrir.

— Laisse-moi sortir ! On n'a pas besoin d'être des amis. Je ne voulais pas que tu me détestes, mais c'est correct. T'as le droit de ne pas vouloir me parler. Je vais m'arranger toute seule.

— C'est pas ça, Marie-Douce. Pense jamais que je ne veux pas être ton ami, OK? C'est tellement pas ça le problème!

— Ma mère a trouvé un dépliant sur son parebrise, un genre de publicité. Elle connaissait déjà la renommée de ce collège et ça nous a tout de suite intéressées. J'avais besoin de changer d'air. Je ne voulais pas venir t'embêter. Avoir su…

— Je doute fort que le collège distribue des dépliants dans les banlieues de Montréal pour se monter une clientèle, dit-il.

— Ben nous, on en a eu un. Je ne savais même pas que c'était ici que tu étais pensionnaire. Enfin, j'en étais pas certaine…

Après la crise de colère qu'il vient de faire, j'omets délibérément de mentionner que j'espérais de tout mon cœur que ce soit son école. Je ne comprends pas pourquoi il est si fâché de me voir ici.

— C'est quoi le vrai problème, Maddox?

— C'est une autre longue histoire. J'ai pas le temps de tout t'expliquer. Ici, les murs peuvent avoir des oreilles.

— Mais…

— Il faut juste que tu saches une chose: dis à personne que tu me connais, OK? Quoi qu'il arrive. Promets-le-moi!

Son visage est soudain très près du mien. Mes larmes coulent librement sur mes joues. Je remarque qu'il a le contour des yeux rouges, ce qui fait paraître ses iris verts encore plus éclatants. Est-il sur le point de pleurer lui aussi ? Ça me semble impossible. Maddox est si placide, d'habitude.

— Mais pourquoi ? T'es mon seul ami dans toute l'école…

— Il faut que tu retournes à la Cité-des-Jeunes, Marie-Douce ! Ici, c'est pas… facile.

— Mais pourquoi toi, tu restes ?

— J'ai mes raisons. Mais toi, tu viens d'arriver, tu peux t'en aller facilement.

Il me fixe avec tant d'intensité et d'inquiétude que mon cœur se serre. Ma décision est prise, je ne l'abandonnerai pas. Même si je dois faire semblant de ne pas le connaître.

— Dis-moi juste pourquoi je dois t'ignorer.

— Parce que si mes ennemis apprennent à quel point t'es importante pour moi, ils te briseront. C'est tout ce que je peux te dire pour l'instant.

Quelques secondes plus tard, après m'avoir serrée dans ses bras, Maddox me guide vers l'escalier où il m'a interceptée. Sans un mot de plus, il disparaît dehors après avoir remonté la fermeture éclair de son manteau et relevé son col.

Chapitre 17

Une médaille pour Maddox

Xavier vient de partir. J'ai eu du mal à le laisser s'en aller, comme chaque fois depuis que nous sortons ensemble, mais ce soir, on dirait que c'est pire. J'appréhende déjà la journée de demain, la salle G, et mes craintes me reviennent. Je sais qu'il ne m'ignorera pas, c'est déjà ça de gagné. J'aurais peut-être dû lui dire à quel point je suis paralysée de trouille juste à l'idée de traverser la salle G pour aller le voir durant les pauses. Non… j'ai bien fait de ne pas lui mentionner mes craintes stupides. Je ne veux pas qu'il me trouve immature, même si je le suis un peu.

J'ai écrit à Marie-Douce non pas un, mais cinq messages. Je n'ai pas pu résister, j'ai demandé à Xavier le nom du collège que Maddox fréquente. Nous étions calés côte à côte dans les coussins moelleux du sofa.

— Collège des Arts de la Tourelle, m'a-t-il répondu sans hésiter. Pourquoi est-ce que tu me demandes ça ?

— Parce que c'est en plein là que Marie-Douce est partie.

Xavier m'a dévisagée si bizarrement que mon cœur s'est emballé.

— Quoi ? Qu'est-ce qu'il y a ? Pourquoi est-ce que tu me regardes comme ça ?

— Parce que… rien, a-t-il fini par murmurer.

— C'est pas rien ! T'as changé d'air ! Allez, dis-moi ce que tu allais dire !

Xavier s'est tortillé pour ajuster sa position, comme s'il était soudain mal à l'aise.

— Maddox m'a raconté quelques bribes d'histoires. Tu sais qu'il avait été suspendu ?

— J'en ai eu vent. Qu'est-ce qu'il a fait ?

— Il a peint un grand portrait pas très flatteur du directeur pour protester contre les actions de ce dernier. Apparemment, le directeur est soupçonné d'avoir bonifié les notes de certains élèves dont les parents sont d'importants donateurs de l'école. Il ferait n'importe quoi pour bien paraître et pour garder les poches profondes des bienfaiteurs du collège à portée de main.

— Wow ! Mais c'est une école privée, pourquoi est-ce qu'il a pas été carrément renvoyé ?

— Ils ont sûrement peur de ce que Maddox pourrait dire dans les médias sociaux… Il y a aussi le fait que l'une des toiles de mon cher Madd est en lice pour un prix assez prestigieux en Europe.

— Mais ce monsieur, il est encore là ?

— Il a été renvoyé. Le conseil d'administration a pas voulu courir le risque de se faire accuser de garder un employé louche, surtout un directeur.

— Maddox t'a raconté tout ça ?

Xavier a hoché la tête avant de continuer.

— Je le soupçonne de pas m'avoir tout dévoilé sur ce qui se passe là-bas, mais je crois qu'on lui mène la vie dure.

Je me suis redressée, tous mes sens en alerte, pour mieux voir l'expression de Xavier.

— J'ai tellement peur que Marie-Douce se retrouve mêlée à toutes ces histoires de magouillage malgré elle ! Je veux qu'elle revienne à notre école.

Il a saisi mon visage entre ses mains, ses yeux bruns plongés dans les miens.

— C'est une grande fille. Si elle est là, c'est qu'elle est capable de se défendre et d'accomplir ce qu'elle doit accomplir. Maddox ne la laissera pas tomber si elle a besoin de lui, OK ?

Chapitre 18

Un collège de fous !

En revenant dans ma chambre, je trouve Vivianne couchée à plat ventre sur son lit, un bol de bouffe quelconque devant elle, fourchette en main. Je passe tout droit pour me rendre dans notre petite salle de bains dont je ferme et verrouille la porte pour la forme. Tourner le loquet est un geste symbolique. Ça veut dire : confiance inexistante. Je me laisse glisser le long du mur jusqu'à ce que mes fesses atteignent le plancher froid de céramique et je cache mon visage dans mes mains, laissant monter les sanglots que je retiens depuis plusieurs heures.

Très vite, je me rappelle à l'ordre et j'essuie mes larmes. Ce n'est pas le moment de me morfondre. Pleurer ne me servira pas. Je dois me ressaisir et considérer la situation avec objectivité. D'un bond, je me relève pour sortir de la salle de bains. Vivianne porte des écouteurs et chantonne tout bas, toujours installée dans la même position sur son édredon. Étant donné son comportement assez poche merci, à la cafétéria ce midi, elle fait bien de ne pas essayer de se mettre sur mon chemin. Si elle avait essayé de me parler, ç'aurait été plus fort que moi, je l'aurais envoyée voir ailleurs si j'y suis.

Je m'assois sur mon matelas avec mon calepin sur lequel je commence à dresser une liste. Celle-ci ne sera pas longue, mais me permettra d'y voir plus clair :

#1 Victoria : Danger. Elle a d'abord tenté de me soutirer de l'information avec son charme même pas subtil, mais elle n'a pas mis longtemps à sortir son venin quand je l'ai remise à sa place après qu'elle a rudoyé la pauvre Clara.

#2 Clara : Elle a semblé très amicale avec moi pour ensuite me refuser une place au dîner. Pourquoi ? Parce que j'ai la lèpre ? Non. Clara a peur d'être associée à moi, la nouvelle qui tient tête à Victoria.

#3 Vivianne : Source inépuisable de renseignements, mais comment savoir si elle n'exagère pas les faits ou ne les manipule pas pour me déjouer ? Vivianne aussi s'est dissociée de moi, sûrement à cause de Victoria.

#4 Maddox : Fâché de me voir ici, il dit que ses ennemis me briseront s'ils savent que je suis son amie.

#5 Les ennemis de Maddox : Qui sont-ils ? À quel point sont-ils un danger pour lui et pour moi ?

#6 James : Est-il un ennemi de Maddox ? J'espère que non.

Je lâche mon stylo qui tombe entre mes cuisses et je relis ma liste. Voilà donc le portrait de ma toute première journée au collège de la Tourelle. Et je n'ai pas mentionné le fait que j'ai un retard énorme dans les chorégraphies. Heureusement, dans mes cours de formation générale, je me sens solide. C'est toujours ça de gagné.

Demain, c'est vendredi, ensuite, une pause pour la fin de semaine. Laura me manque, c'est atroce. La fatigue et les émotions ont raison de ma résistance et je ferme les yeux pour peut-être m'assoupir, quand une voix m'interpelle.

— Marie-Douce ?

C'est Vivianne qui me parle. Je n'ai pas tellement envie de lui répondre.

— Marie-Douce, est-ce que tu dors ? reprend-elle.

— J'allais dormir, mais tu m'en empêches.

C'est aussi bien ainsi, je dois me brosser les dents, prendre une douche rapide, mettre mon pyj...

— Est-ce que je peux te parler ?

Ah ! Cette phrase magique. Ces mots clés qui veulent dire : attention, ça va faire mal ! Je les redoute toujours. Bien que mon corps entier – y compris mes nerfs qui frétillent et ma gorge qui se serre – se refuse à cette conversation, j'ouvre les yeux et me repositionne sur mes oreillers pour mieux la regarder.

— Oui. Qu'est-ce qu'il y a, Vivianne ?

J'ai prononcé chaque syllabe de son prénom avec emphase, juste pour qu'elle se sente mal. Est-ce que c'est l'eau de cet établissement qui me rend presque aussi démoniaque que le reste de mon nouvel entourage ? C'est une hypothèse à considérer…

— Je voulais juste t'expliquer pour ce midi, à la cafétéria. C'était pas personnel.

— Ah non ? Pourtant, c'était blessant.

Maintenant assise en Indien sur son lit, Vivianne secoue la tête en baissant les yeux sur ses mains.

— En fait, presque. C'est que… le gars à qui tu venais de parler, ben, c'était… James Crown.

— Et… ?

Les yeux ronds, Vivianne lève les mains comme si je venais de dire quelque chose d'incroyablement infâme.

— Crown ! Comme dans Reynald Crown ! Tu sais qui est Reynald Crown, n'est-ce pas ?

Je cligne des yeux plusieurs fois. Reynald Crown. Je le vois souvent aux nouvelles. Les gens parlent de lui, toujours en mal, mais je ne suis pas passionnée de politique.

— Un politicien corrompu ?

— Corrompu, dangereux, influent et puissant ! On prétend qu'il deviendra un jour le premier ministre du Canada, mais j'ose pas y croire.

— Ah… merdouille.

Vivianne hoche la tête avec énergie.

— Merdouille, tu dis ? Sa mère est très impliquée dans les affaires du collège. La famille Crown est puissante et ne suit que ses propres règles. Grâce à son nom, James Crown fait la pluie et le beau temps ici. S'il prend quelqu'un en aversion, c'en est fini pour cette personne.

— OK, dis-je. C'est épeurant !

— Oui, ça l'est. C'est le gars le plus à craindre de l'école. Il ne faut pas se le mettre à dos.

— D'après ce que tu me racontais hier, il y a pas que James qui est un problème. Je pensais qu'ils étaient trois ou quatre à semer la terreur ?

— Ils le sont, mais les autres, ce sont plutôt ses supporteurs. James, c'est lui le cerveau des opérations. J'espère que tu me pardonnes de ne pas avoir voulu attirer son attention sur moi, ce midi…

— Ah ! En mangeant avec moi ? Parce que j'ai osé lui répondre sans le vénérer ?

Elle hoche la tête lentement. Je peux presque sentir la vibration de sa peur jusqu'à mon lit. Je me souviens des paroles de Maddox quant à ce que ses ennemis pourraient me faire. Pourquoi ? Qu'est-ce que Maddox a fait pour que ce soit si risqué d'afficher notre amitié ? Il a dû tenir tête à James Crown lui aussi, peut-être avec plus d'agressivité que moi. Est-ce que c'est à cause de lui que Maddox a été suspendu du collège dans les semaines précédant Noël ?

— Il t'a accordé trop d'attention, affirme Vivianne. James ne fait jamais ça. Il ne parle à personne sauf à son « entourage ».

Ce dernier mot, elle le dit en mimant des guillemets avec les doigts.

— Et à sa blonde, j'imagine ?

Vivianne secoue la tête.

— James Crown a pas de blonde. En tout cas, pas ici au collège. On raconte qu'il sortait avec une fille qui reste en Alberta, mais je n'en sais pas plus.

— Je suis étonnée qu'une fille veuille sortir avec lui. Il est si…froid !

Ma cochambreuse hausse les épaules.

— Disons qu'il y en a plusieurs qui ne détesteraient pas devenir sa blonde. Celle qui sortirait avec lui serait bien protégée.

— Protégée de quoi ? ne puis-je m'empêcher de m'écrier. De LUI ?

— De tout, même du conseil d'administration du collège.

Wow ! Mais qu'est-ce que ce collège de fous ? Je me croirais dans un film américain. J'imagine presque une chambre des tortures au sous-sol ! Voilà que mon imagination déborde un peu.

Je soupire longuement. Des flashs de la plus longue journée de ma vie me reviennent en force. Le regard noir de James ; celui, inquiet et hanté, de Maddox ; celui, méprisant, de Victoria et enfin ceux, apeurés, de Vivianne et de Clara. Rien ne m'a préparée à cet univers clos et angoissant. Je dois être plus folle ou courageuse que je ne le croyais, parce que l'émotion la plus réelle qui m'habite à cette seconde, c'est la fascination. Je suis prête à tout pour percer les mystères du collège de la Tourelle.

Chapitre 19

Rumeur confirmée

J'entre dans la salle G. Xavier est assis sur une des longues tables, ses pieds sur le banc. Il discute avec Kevin Cartier et deux autres joueurs des Citadelles. Ce qui me fascine le plus, c'est la carrure des garçons de secondaire 4 et 5. Ce sont presque des hommes, comparativement à nos jeunes ados de la salle F. Et moi, je suis une de ces petites filles de l'autre bord de l'école. Malgré mes craintes, j'ai laissé mes pieds me guider jusqu'ici. Je m'arrête à plusieurs mètres de distance de Xavier, à demi cachée par un petit groupe de filles qui jasent au milieu de la place. Je cherche timidement son regard. S'il ne me voit pas, je ferai comme si je ne l'avais pas vu et je retournerai d'où je viens, comme si de rien n'était.

— Laura St-Amour !

Une fille a crié mon nom. Mon cœur s'arrête et je crois que je vais m'étouffer avec ma salive. C'est Kim Buteau !

Pourquoi ?

Pourquoi ?

On chuchote dans mon dos. Est-ce que j'hallucine ces petits murmures qui m'entourent ? Oh, non ! Je ne pense pas. Je les sens et je les entends. Les poings serrés, la gorge sèche, je regarde Kim avancer vers moi, et je regrette amèrement d'avoir traversé l'école. Xavier ne m'a pas encore aperçue, il discute avec ses *chums* comme si de rien n'était.

— Est-ce que tu cherches quelqu'un, Laura ?

Kim est plantée devant moi, sourire aux lèvres. Elle semble heureuse de me voir, et soudainement je me sens coupable de vouloir l'éviter. Derrière elle, quelques autres filles que je ne connais que de vue portent une attention particulière à notre conversation.

— Euh… As-tu vu Xavier ?

Voilà, c'est dit ! Un peu piètrement, je suis la première à l'avouer, mais c'est le mieux que je peux faire sous la pression.

Elle secoue la tête en riant.

— Franchement, Laura. Il est juste là, as-tu besoin de lunettes ?

Ouf ! Jusqu'ici, ça va bien. L'attitude amicale de Kim me déstabilise un peu étant donné les circonstances, mais je n'ai pas encore envie de me liquéfier sous les tuiles du plancher.

— Ah, OK. Merci…

— Est-ce que la rumeur est vraie ? murmure-t-elle à mon oreille.

— Quelle rumeur ?

Je pense que je ne me sens pas bien du tout. Je veux déguerpir, mais je ne peux pas partir en courant maintenant, j'aurais l'air de quoi ? Ma tête tourne un peu, mais je vais tenir. Xavier n'est plus dans mon champ de vision, il a disparu de l'endroit où il était assis avec ses copains.

— Allez, fais pas l'innocente avec moi, Laura. Xavier et toi…

— Euh…

— C'est vrai, Kim. Laisse Laura tranquille, OK ?

Xavier se tient à mes côtés, sa main posée sur le bas de mon dos. Il dépose un baiser sur ma bouche, tout petit et symbolique, comme un message à tous ceux qui nous entourent.

— Es-tu correcte ? murmure-t-il.

— Ouais…

Sa main se détache de ma taille et prend la mienne pour me tirer à l'écart. À la fois soulagée et intimidée, je fais un petit sourire à Kim l'air de dire « vraiment désolée ». Elle croise les bras sur sa poitrine, les paupières plissées, comme si elle retenait sa colère. Hé, *boboy* !

— On va où ?

— À mon casier.

— Pourquoi ?

Il ne me répond pas et continue de me tirer par la main jusqu'à une rangée de cases grises. La sienne est tout au bout, près des fenêtres.

— T'as besoin de quelque chose dans ta case ?

— Oui, dit-il.

— Mais de quoi ?

— La paix. On n'a que quelques minutes avant la cloche. Y a trop de monde là-bas.

— Mais tes amis… t'étais en grande discussion. Je ne veux pas te déranger.

Il me relève la tête pour rencontrer mon regard. Il a un petit sourire moqueur aux lèvres.

— Je vois bien que ça t'a pris touuuut ton courage pour venir me voir ici.

— Ah… ça paraissait tant que ça ?

— T'avais l'air d'une enfant perdue dans un Walmart, dit-il en glissant ses doigts dans une mèche de mes cheveux.

Je vais me dématérialiser sur place, c'est certain.

— Ton ex me stresse, dis-je en regardant ailleurs. Je pense qu'elle t'aime encore.

— Laisse-toi pas intimider par Kim. Il faudra bien qu'elle s'y fasse. Penses-tu que j'ai peur de Samuel ?

— T'as jamais peur de personne, toi.

— C'est pas vrai, mais OK, continue de penser ça, dit-il en souriant.

— Je dois y aller, la cloche va sonner.

Il se penche pour m'embrasser doucement.

— Arrête d'avoir peur de venir me voir ou d'être avec moi ou de m'embrasser devant les autres, OK ? Je suis avec toi pour de vrai, Laura, je ne te repousserai jamais. On s'en fout de ce que pensent les autres.

Je hoche la tête une bonne fois pour toutes. Mon cœur est rempli d'allégresse. Je n'aurai plus peur.

Chapitre 20

Sans rancune

Je n'ai été partie que deux jours, mais on dirait qu'une année entière s'est écoulée. Laura est déjà dehors lorsque mon père gare la voiture. Elle est là, le manteau détaché et les pieds dans les bottes trop grandes de Xavier. Visiblement, elle est sortie de la maison en vitesse !

— Oh, mon Dieu ! Je pensais que tu ne reviendrais jamais ! dit-elle en me sautant dans les bras.

Ohhh ! On dirait bien que je retrouve ma Laura, celle qui est incapable de me garder rancune. Je suis tellement soulagée. Je décide donc de faire comme elle et d'oublier notre confrontation ayant précédé mon départ.

— Ç'a été les deux plus longs jours de ma vie !

— Moi aussi ! Alors, t'as vu Maddox ?

— Ouais… Je vais te raconter ça à l'intérieur. Je vais prendre ma valise.

— Rentrez, les filles, je vais m'occuper des sacs, dit Hugo en claquant sa portière.

— Merciiii ! fait Laura en me tirant par le bras.

Xavier est dans la cuisine. Il discute avec Nathalie en fouillant dans le frigo. J'imagine qu'il a passé le plus clair de son temps ici, celui-là.

— Salut, Xavier !

— Allô, Marie-Douce.

Son regard est un peu soupçonneux, comme s'il se retenait de me poser une question qui lui brûle les lèvres. Je la devine assez facilement : pourquoi n'ai-je averti personne que j'allais fréquenter le même collège que son meilleur ami ? En courant dans l'escalier, Laura et moi partons nous enfermer dans notre chambre. Une fois assises en Indien sur nos lits respectifs, nous parlons en même temps !

— Vas-y ! dit-elle.

— Non, toi d'abord !

— Non, non, je suis sûre que t'as plus de choses à me raconter. C'était comment ?

Je lui raconte tout. Pourquoi cacher quoi que ce soit à Laura ? Après avoir tardé à lui annoncer la nouvelle de mon départ au collège, je lui dois toute la vérité, même si celle-ci risque de l'inquiéter. À la mention du nom de James Crown, elle saute en bas de son lit, les deux paumes sur ses joues, son menton accoté dans ses mains.

— Le fils du politicien controversé ? Même moi, j'en ai entendu parler ! Son père est l'homme le plus détesté du Canada !

— Arrête, tu me donnes des frissons d'horreur ! Il faut que j'oublie qu'il est le fils de cet homme horrible.

— Comment le pourrais-tu ? C'est impossible ! En tout cas, ça explique les gardiens de sécurité et le détecteur de métal à l'entrée.

Je reste pensive quelques instants. Ce James Crown, je vais devoir dresser un plan pour l'empêcher de me causer des problèmes. L'éviter est la première option, et la plus évidente. C'est ce que je ferai. Je vais m'en tenir le plus loin possible.

— En tout cas, dis-je à ma sœur, il ne me trouvera pas sur son chemin !

— Mais tu dis qu'il t'a adressé la parole et qu'il t'a dévisagée de la tête aux pieds. Peut-être que lui cherchera ton attention, Marie-Douce ! Tu sais comme t'es douée pour attirer les regards des gars qui ont tout dans la vie. T'as comme un talent mystérieux pour ça. Comme avec Lucien, par exemple…

À la mention de Lucien, mon cœur se serre. J'aimerais mieux qu'on n'en parle pas. Je ne l'ai pas encore oublié, même si j'essaie très fort.

— Lucien m'a connue avant d'être une star, dis-je. Avec lui, c'était spécial. Mais je ne suis qu'une fille de banlieue éloignée pour lui, désormais. Vaudreuil-Dorion, c'est pas vraiment sur sa carte géographique.

Puis, un flash me vient à l'esprit. Vaudreuil-Dorion. J'ai dit à James Crown que je venais d'ici. Qui habite aussi à Vaudreuil-Dorion ? Nul autre que Maddox ! Et nous sommes sûrement les seuls élèves originaires de cette ville à la Tourelle. Les mots troublants de Maddox me reviennent en tête à pleine vitesse : « Dis à personne que tu me connais, OK ? Quoi qu'il arrive. Promets-le-moi ! »

— Meeeeerdeeeuh !!!!

Laura me lance un regard de panique.

— Quoi ? Quoi ? Qu'est-ce qu'il y a ?

— J'ai informé James Crown que je venais de Vaudreuil-Dorion. S'il apprend ou sait déjà que Maddox habite la même ville que moi, ça va attiser sa curiosité.

Laura, à qui j'ai expliqué que je craignais que Maddox soit dans la mire de Crown, essaie tant bien que mal de se faire rassurante.

— Ben non, il ne doit pas avoir fait le lien, dit-elle. Tu t'inquiètes pour rien.

Son ton est calme, mais je vois dans ses yeux marron qu'elle n'aime pas du tout cette nouvelle information.

La porte de la chambre s'ouvre et Xavier apparaît dans l'entrebâillement sans toutefois entrer.

— Je ne veux pas interrompre votre conversation privée, les filles, mais le souper est prêt, dit-il avec un sourire.

Je dois avouer être fascinée par ce nouveau Xavier que je ne connaissais pas jusqu'à ces derniers temps. Il a tellement changé. Il semble… heureux. Qui l'eût cru ? Xavier Masson, épanoui, relax et domestiqué ! Mes yeux vont du visage de Xavier à celui – toujours un peu dans les nuages quand elle le regarde – de Laura. Je constate que ces deux-là commencent à avoir les mêmes mimiques. Ou est-ce simplement parce qu'ils ont le même bonheur dans le cœur ? Peu importe… ça sent l'amour dans ma chambre !

— OK, on va descendre, dis-je.

— Laisse-nous deux minutes, OK ? demande Laura.

— Pas de trouble, répond Xavier.

Une fois la porte refermée derrière son amoureux, Laura me fait signe de parler tout bas.

— J'ai quelque chose à te montrer que j'ai pas encore dévoilé à Xavier. Je veux ton avis avant de le faire.

Et elle me passe une enveloppe blanche sur laquelle son prénom est inscrit en lettres carrées. J'ouvre la feuille et je reste perplexe. C'est une belle lettre d'amour, bien écrite… et il me semble que j'ai déjà vu cette écriture. Malgré cette impression de familiarité, je n'arrive pas à me souvenir de quel garçon de ma connaissance il pourrait s'agir. Voilà quelque chose qui alimentera notre imagination toute la fin de semaine !

— Il faut faire une liste des garçons qu'on connaît, dis-je spontanément.

Les yeux de Laura s'illuminent.

— Excellente idée ! Et je m'arrangerai pour voir l'écriture des garçons de la liste lorsque je serai à l'école !

— T'as tout compris. C'est sûr que tôt ou tard, tu trouveras l'auteur de la lettre.

Chapitre 21

Mystère à élucider

Autant j'étais excitée à l'idée d'avoir trouvé une méthode pour lever le voile sur mon admirateur secret, autant je me dégonfle vite.

— Mais une fois que j'aurai découvert qui il est, je fais quoi ? dis-je d'une voix paniquée.

Ma sœur tapote ses lèvres de son index avec un petit sourire.

— J'avais pas pensé à ça, fait-elle en ricanant doucement.

— Hé, c'est pas drôle !

— Tu sais quoi, Laura ? Puisque tu ne sauras pas comment gérer cette situation, pourquoi ne pas simplement faire comme si t'avais jamais reçu cette lettre ?

Sa suggestion n'est pas bête… pas bête du tout.

Je considère cette solution jusqu'à ce qu'une vague de culpabilité intense me submerge. Non, je ne pourrai pas ignorer ce pauvre garçon qui se languit d'amour.

— J'aimerais que ce soit si facile, Marie-Douce, mais t'imagines le pauvre gars ? Il faudra bien que je lui fasse savoir clairement que je comprends ses sentiments, mais que je suis amoureuse de Xavier.

— Tu vois, remarque ma sœur tout sourire, tu viens de trouver les mots exacts que tu devras dire à ce pauvre bougre.

— Quel pauvre bougre ? fait la voix de Xavier, que je n'avais pas entendu remonter.

J'envoie un regard paniqué à Marie-Douce qui, pas plus intelligente, me fixe avec la même expression de grenouille prise au milieu de la Transcanadienne. Xavier n'est pas idiot et comprend tout de suite qu'il vient de nous prendre en flagrant délit de cachotterie.

Il avance dans la pièce et croise les bras devant Marie-Douce qui tient encore la fameuse lettre d'amour. Elle me consulte du regard et lui remet la missive lorsque je hoche la tête pour lui donner le feu vert.

Xavier prend quelques secondes pour lire. Il fronce les sourcils, puis se frotte le menton.

— Wow… Y en a un qui va s'attirer des bosses, dit-il.

— Est-ce que tu reconnais cette écriture ? demande Marie-Douce.

Mon amoureux secoue la tête.

— Non… Tout ce que je peux dire, c'est qui c'est pas.

— Alors ? Qui ?

Xavier s'assoit à mes côtés sur mon lit et place une main sur mon genou.

— C'est pas Kevin, ni Maurice, ni Corentin, ni Samuel…

Ah ! Ça, je le sais que ce n'est pas Samuel ! Il est si fâché contre moi présentement qu'il aurait été impossible qu'il m'écrive une telle lettre.

— Euh… Xavier, si tu trouves l'auteur de la lettre, tu ne vas pas… euh… lui montrer que tu pratiques la boxe, hein? demande Marie-Douce d'une petite voix hésitante.

Xavier éclate de rire.

— Ça dépend c'est qui.

Cela affirmé, il plie la feuille et la glisse dans la poche de son jeans.

— Hé! Redonne-moi ma lettre! dis-je, contrariée.

Après m'avoir donné un baiser sur le bout de mon nez, Xavier me fait un de ses sourires craquants.

— Pourquoi? Tu veux correspondre avec lui?

— Ben non! Mais c'est pas à toi!

— Je vais trouver le gars, dit-il.

— Je ne veux pas que tu montres cette lettre à qui que ce soit! C'est peut-être un garçon très timide qui aura peur de toi.

— Il avait juste à y penser avant de *cruiser* ma blonde. Allez! On va manger. J'ai fait de la pizza maison avec des vraies tomates.

Nous partons toutes les deux sur les talons de Xavier.

Je tire sur la manche de ma sœur pour murmurer à son oreille:

— Fais-lui donc une de tes prises de karaté pour que je puisse reprendre la lettre!

Mais Marie-Douce secoue la tête en riant.

— Il est bien trop fort! Il va juste rire de moi.

— Zut…

Chapitre 22

Des nouvelles sidérantes

Après le souper, je tire Xavier vers le couloir qui sépare la salle à manger et la salle de bains du rez-de-chaussée. Je ne veux pas que mon père m'entende parler de Maddox. Si papa découvre que j'ai déjà des soucis dans ma nouvelle école, ce sera bye-bye le collège en moins de deux secondes. Et je ne veux pas abandonner. Trop de choses m'intriguent et j'ai la profonde conviction que je dois rester. Je demeure convaincue que j'ai beaucoup de choses à y accomplir.

Ça me fait penser que je n'ai pas encore présenté Maddox à mon père. Pour ce dernier, mon ami est encore le rôdeur qui entre dans sa remise par effraction. Je crains que papa reconnaisse Maddox comme étant le voleur qui a un œil sur sa tondeuse. Il regarde encore par la fenêtre de la cuisine, parfois, pour voir s'il ne l'apercevrait pas errer sur son terrain.

— J'ai texté Maddox, mais il ne me répond pas. Est-ce qu'il est chez son père pour la fin de semaine ?

Xavier grimace, puis regarde le plafond en soupirant bruyamment.

— Pourquoi tu t'es inscrite au collège de Maddox en secret, Marie-Douce ?

— C'est pas une réponse à ma question, ça, Xavier.

J'appuie sur chaque syllabe de son prénom pour qu'il comprenne que je n'ai pas de compte à lui rendre.

— Eh bien, si Maddox ne te répond pas, c'est sûrement parce qu'il ne veut pas te répondre.

— Son cellulaire est peut-être mort.

Xavier secoue la tête.

— *Nope !* Parce qu'il m'a écrit, à moi.

J'expire avec frustration.

— Donne-moi ton téléphone, dis-je en tendant une main.

— Ha ! Ha ! Ha ! T'es comique quand tu veux ! fait Xavier d'un rire exagéré et faux. C'est non et tu sais pourquoi.

— Pourquoi ?

— Il t'a dit de pas l'approcher et de ne pas mentionner que tu le connais ! C'était pas assez clair ?

— Non ! Il y a rien de clair. Il a refusé de me dire pourquoi. Et à ce que je sache, on n'est pas au collège, présentement ! Pourquoi est-ce qu'il m'évite ?

Du coin de l'œil, je vois Laura qui se tient en retrait. Profitera-t-elle de cette conversation intense pour fouiller dans la poche de Xavier et récupérer sa lettre ?

Vas-y, Laura ! Je te couvre comme dans les westerns.

— OK, dit Xavier. Si tu te calmes quelques minutes, je vais te dire tout ce que je sais. Et si ma blonde pense pouvoir fouiller dans ma poche de pantalon sans que je m'en rende compte pour reprendre sa lettre, elle rêve en couleurs !

Sans même la regarder, il saisit Laura par la taille d'un geste habile et la balance sur son épaule comme si elle était un sac de patates, ou plutôt un sac de plumes.

— Mariiiiiiie-Douuuuuuuce ! Aaaaaaaaah ! Viens m'aideeeeer !

Il la fait basculer sur le sofa, où elle rebondit dans les coussins moelleux en riant.

— Désolée, Laura ! Je ne peux rien pour te sauver ! dis-je avec un accent théâtral.

Après quelques minutes de rigolade, nous montons tous les trois à l'étage où nous nous enfermons dans la pénombre de la salle de cinéma maison.

— Alors, Masson ! Parle !

Xavier passe une main dans sa tignasse brune alors qu'il s'écrase de tout son poids sur l'un des poufs. Je prends l'autre et Laura s'installe sur le troisième.

Xavier me raconte tout, ou presque. J'apprends que Maddox s'est fait suspendre pour avoir fait une toile dénonciatrice du comportement de l'ancien directeur du collège. Le hic, c'est que ce directeur est un ami de Reynald Crown, du genre à presque faire partie de la famille. Il va sans dire que Maddox s'est attiré les foudres de tout le conseil d'administration. Cependant, ce même conseil d'administration, ne souhaitant pas que la toile de Maddox se retrouve sur les réseaux sociaux, et encore moins aux nouvelles de 18 heures, a préféré éviter d'expulser Maddox, qui aurait alors eu toute la liberté d'exposer leurs magouilles au grand jour. Ce que j'apprends d'encore plus fou, c'est que mon cher ami Maddox est en lice pour un prix prestigieux à Paris, prix que le collège ne veut absolument pas rater… autre bonne raison de ne pas le mettre à la porte.

— Mais je ne comprends pas pourquoi Maddox craint autant James. Ou plus précisément, pourquoi il craint que James me veuille du mal à cause de lui.

Xavier hausse les épaules.

— Je ne connais pas tous les détails, mais j'ai comme l'impression qu'avec l'histoire de la toile controversée, James et Maddox se sont déjà crêpé le chignon.

— Mais, si James Crown est si « protégé », demande Laura, comment est-ce que Maddox aurait pu lui faire du mal ?

Xavier émet un petit rire désenchanté.

— Sois pas si naïve, Lau. Je suis d'avis que si l'un des deux a agressé l'autre, c'est plutôt Crown que l'inverse.

— Ouais, t'as raison. Pauvre Maddox ! Pourquoi il reste dans ce collège de fous ?

— Il a trop à perdre, dit Xavier.

Puis, il me lance un regard grave.

— Toi, par contre, Marie-Douce, il est pas trop tard pour que tu reviennes à la Cité-des-Jeunes.

Ah ! Il tient le même discours que Maddox ! On dirait qu'ils ont discuté de moi. Je secoue la tête vivement.

— Il n'en est pas question ! Maddox est laissé à lui-même, là-bas. Je ne le laisserai pas tomber.

— Et tu crois que toi, tu peux le protéger ? *Come on*, Marie-Douce, allume ! s'exclame Xavier.

— Peut-être pas le protéger, mais au moins l'aider... comme je peux.

Laura s'approche de moi à quatre pattes. Les yeux brillants d'inquiétude, elle saisit mes mains.

— J'ai peur pour toi, Marie-Douce. S'il te plaît, retourne pas là-bas.

— N'en faisons pas un drame ! Il est rien arrivé encore. Tout ça, c'est peut-être juste du gros n'importe quoi ! dis-je avec une conviction qui ne m'habite pas vraiment.

— Je ne crois pas que Maddox dirait n'importe qu...

D'une main levée, j'interromps Xavier.

— Chut ! Ma décision est prise. Je ne veux plus rien entendre. Et pas un mot de tout ça à mes parents. Promis ?

Chapitre 23

Un amour de sœur

J'ai promis à Marie-Douce que je ne bavasserais pas à ses parents à propos de toute cette histoire sur le vilain Crown, mais j'avais croisé les doigts dans mon dos. Je ne planifie pas leur en parler, je respecte trop les désirs de ma sœur pour le faire, MAIS je me garde une ouverture « au cas où ». Si je la sens en danger, hop ! un mot à Hugo, et Marie-Douce sera sortie de cet enfer que semble être le collège de la Tourelle.

La fin de semaine s'est déroulée trop vite. Nous avons passé notre samedi chez les Cœur-de-Lion. Miranda voulait tout savoir des deux premiers jours de sa fille au collège. Entendre Marie-Douce raconter son expérience en jouant avec les mots, en contournant les vraies histoires et en rendant le tout fantastiquement passionnant fut très amusant. Je n'avais jamais réalisé à quel point ma sœur est capable d'enjoliver la vérité. Une vraie de vraie comédienne… ou excellente menteuse, selon l'angle sous lequel on analyse son savoir-faire.

Xavier et Corentin en ont profité pour niaiser sur internet et jouer à leur jeu de guerre. Si j'ai bien compris, c'est le même que celui que Samantha Desjardins adore. Corentin semble remis de sa gastro. Enfin ! Je ne serai plus seule dans la salle F. Ma vie est un conte de fées !

C'est dimanche et Marie-Douce doit déjà repartir vers son collège épeurant. Tout ce temps, nous n'avons reçu aucune nouvelle de Maddox. C'est comme s'il s'était évaporé dans la nature. Je sais toutefois que Xavier est en contact constant avec lui, mais jamais il n'a voulu me dire où il était ni ce qu'il faisait. Dans les moments où nous étions seuls, j'ai plaidé la cause de Marie-Douce, je l'ai cajolé, supplié, je lui ai presque vendu mon âme ! Mais rien ne l'a convaincu de me dire quoi que ce soit au sujet des activités de Maddox durant la fin de semaine.

Je le soupçonne d'être resté au collège. Je l'imagine très bien être le genre d'artiste qui vit dans sa bulle, capable de travailler seul dans son atelier sans compter les heures, ni les pots de peinture.

Je ne sais pas si Marie-Douce est amoureuse de Maddox. Elle n'en parle pas dans ces termes-là. Ma sœur est plutôt discrète sur ses sentiments. Je crois surtout que Maddox la fascine avec son air mystérieux et ses yeux verts. Sans mentionner son habitude de lui laisser des mots dans la remise d'Hugo. C'est tellement romantique ! Je crois que Marie-Douce est encore trop fragile à cause de Lucien. On ne peut pas dire ce prénom sans qu'elle blêmisse ou que ses pupilles se dilatent considérablement.

Je lui en veux, à Lucien ! Il a cassé quelque chose dans l'âme de Marie-Douce quand il l'a laissée tomber sans crier gare. Un matin, c'est « je t'aime », l'autre matin, « j'ai une nouvelle blonde ». C'était cruel et non mérité. Ah ! Et ensuite, la faire sombrer dans une confusion totale avec une chanson à son nom ! Si un jour je le recroise, je vais lui faire une jambette et ça sera à son tour de tomber en pleine face. Il aura besoin de se faire hypnotiser, lui aussi, pour oublier la souffrance que je vais lui faire subir.

J'aime tellement ma sœur ! Tellement ! Je voudrais la protéger de tout et la garder avec moi tout le temps. Mais je sais que Marie-Douce a besoin de vivre les défis que le destin place devant elle. Elle est dans ma vie depuis moins d'un an, mais on dirait que je suis née le même jour qu'elle et qu'on a appris à marcher ensemble. Je me souviens à quel point elle était invisible, timide et fade. Du moins, c'était ma perception de Marie-Douce. Ce que je réalise aujourd'hui, c'est qu'elle n'était pas invisible, mais faisait preuve de retenue. Elle n'était pas timide, mais réfléchie. Elle n'était pas fade, mais humble. Elle est une vraie de vraie battante qui ne courbe pas l'échine quand vient le temps de faire face à l'adversité. Elle ne brime pas la volonté des autres, même si elle doit s'arracher le cœur pour leur donner leur liberté, comme elle l'a fait avec Lucien. Quelle autre fille aurait résisté à la tentation de tout faire pour retenir un amoureux comme Lucien Varnel-Smith ? Je n'en connais pas.

La Mercedes de Miranda vient de quitter le garage des Cœur-de-Lion, Bruno au volant, Miranda et Marie-Douce à bord. Xavier m'enlace en pressant son torse contre mon dos, ses bras entourent mes épaules.

— Maddox était chez lui toute la fin de semaine. Je l'ai tenu au courant de tout ce que j'ai dévoilé à Marie-Douce, dit-il à mon oreille. Il va veiller sur elle en se tenant à distance, t'as pas à t'inquiéter.

Chapitre 24

Des encouragements inattendus

Arriver dans une nouvelle école en plein milieu d'année n'est jamais une excellente idée, mais apparaître en janvier dans un collège coupe-gorge où la compétition est totalement sans merci est la pire idée de tout l'univers des mauvaises idées depuis le début des temps.

On n'est que mardi et je pédale comme une cinglée pour me mettre à niveau dans chaque cours, incluant ceux de français, d'anglais, de maths, d'histoire, de géographie et d'éthique. Moi qui avais l'impression d'être au-dessus de mes affaires ! Ici, ce n'est pas exactement le même programme que celui de mon ancienne école. La danse occupe près de la moitié de mes cours, ce qui signifie que les autres matières sont condensées.

Bref, je sue comme jamais.

Madame Lessard est passée me voir hier, alors que la période de danse moderne s'achevait. Elle m'a prise à part pour discuter.

— Comment vas-tu, Marie-Douce ? m'a-t-elle demandé.

Je suis en train de me noyer ! Mayday ! Mayday[1] ! Une fille à la mer !

— Je vais SUPER bien, ai-je dit en souriant (et en m'épongeant le front après avoir passé une heure entière à répéter la même chorégraphie ultra-compliquée).

---

1. Expression servant à communiquer un état de détresse.

— Tant mieux ! m'a-t-elle dit en souriant. J'étais un peu inquiète que tu trouves l'adaptation difficile.

Est-ce que j'avais bien la même madame Lessard devant moi ? La prof de danse qui venait chez les Cœur-de-Lion était stoïque et sévère. Elle n'était pas gaie et plaisante comme cette créature. Durant quelques secondes, je me suis demandé si un extraterrestre n'avait pas pris possession du cerveau de la dame au chignon serré.

— Non, non, ça va, je vous assure !

— J'ai demandé à ce que tu sois exemptée de la prochaine audition surprise, m'informe-t-elle.

Alors Vivianne disait vrai ? Il y a vraiment des « auditions de la mort » ?

— Ce n'est pas nécessaire, ai-je marmonné.

— Ça l'est si tu veux rester dans ce collège.

— Mais, madame Lessard, si les autres l'apprennent, je serai montrée du doigt !

— Ils n'en sauront rien. Tu vas faire les auditions, mais personne ne te jugera officiellement.

Mes yeux devaient être gros comme des 30 sous.

— Vous pouvez faire ça ? Arranger les évaluations pour protéger certains élèves au détriment des autres ?

Madame Lessard a changé d'air, puis regardé à gauche et à droite comme pour s'assurer que personne ne nous ait entendues. Si Maddox apprend ça, il ne me parlera plus jamais ! Lui qui s'est déjà mis dans le trouble pour avoir dénoncé ce genre de comportement…

— Je peux faire ce que je veux… tant que le conseil approuve, bien entendu. Et ils l'ont demandé…

— Hein ? Le conseil d'administration a demandé à ce que je sois exemptée du risque de me faire mettre à la porte lors d'une évaluation surprise ? Mais pourquoi ?

Madame Lessard a haussé les épaules.

— J'imagine qu'ils veulent te laisser une chance parce que tu es nouvelle, qui sait ?

Nous nous sommes laissées sur cette note, ou plutôt sur cette question qui est restée sans réponse. Madame Lessard a semblé regretter de m'avoir révélé ce secret. Elle a pivoté sur ses talons et a vite disparu dans le couloir. Sait-elle que je connais Maddox, le dénonciateur des tricheries de la direction ? Certainement pas, sinon elle ne m'aurait pas révélé leurs façons de faire douteuses.

Quelques jours passent sans trop d'anicroches, mais je me sens un peu prise entre deux feux : profiter de privilèges secrets ou devoir partir du collège. Je ne suis pas prête à me faire mettre à la porte. Je n'ai croisé Maddox qu'une seule fois. C'était à la cafétéria où il a pris un repas pour emporter dans une boîte. Je me doute bien qu'il mange seul dans l'atelier des artistes peintres, ou avec d'autres artistes aussi ténébreux que lui. Je n'ai pas été surprise qu'il ne salue personne sur son passage. Le voir ainsi m'a serré le cœur. J'aurais préféré découvrir ici un Maddox entouré d'amis à qui il ferait des *high five* en riant. Ce n'est pas son genre, évidemment. À quoi donc m'attendais-je ? D'après ce que je sais de lui, son seul et unique ami, c'est Xavier. Point final.

James Crown ne s'est pas trop fait remarquer depuis le début de la semaine. Il mange toujours à la même table avec les mêmes gars. Deux blonds, un brun et un autre d'origine haïtienne. Je n'ai pas saisi leurs noms, mais ce sont tous des gaillards qui doivent être en secondaire 4 ou 5. Ils sont en concentration d'art dramatique, tout comme James, d'ailleurs. J'ai entendu des étudiants rigoler et dire que, si James veut devenir un menteur politique comme son père, il n'y avait rien de mieux que d'étudier la comédie.

Bref, c'est déjà jeudi. Une dizaine de noms incluant le mien et, je suis surprise de le constater, celui de James Crown ont été mentionnés à l'interphone, nous priant de nous présenter dans l'un des auditoriums. C'est une « audition de la mort », sûrement celle dont madame Lessard m'avait parlé. Mais pourquoi nommer l'intouchable James ? N'est-il pas impossible que Crown soit évincé ?

Nous nous dirigeons tous dans la salle Jean-Paul-Andréani (toutes les salles du collège sont nommées en l'honneur de grands artistes). Les étudiants en art dramatique doivent échanger des répliques ; les danseurs et danseuses sont dirigés dans un autre coin et doivent réaliser certaines figures très techniques.

Je ne suis pas trop nerveuse, puisque mon avenir au collège ne se joue pas réellement avec cette audition, mais j'ai un brin de trac à l'idée d'avoir à montrer mon savoir-faire à brûle-pourpoint. Lorsque mon tour arrive, je me place en position, prête à recevoir les directives. Du coin de l'œil, je remarque une silhouette immobile qui m'observe. Je me retourne pour accomplir la première figure d'une série de cinq, un fouetté, et je vois James Crown qui me fixe, les bras croisés sur la poitrine. Soudain nerveuse, je perds l'équilibre et trébuche comme une débutante.

Les paumes sur le plancher de bois vernis, je suis anéantie. C'est l'horreur, le déshonneur et tout ce qui s'ensuit ! Je n'ose même pas relever la tête tellement j'ai honte. Même si je suis censée ne pas être jugée, si j'en crois les paroles de madame Lessard, comment justifier devant les autres élèves que je sois préservée du sort évident qui devrait m'attendre après cette gaffe monumentale ?

Une main solide m'empoigne le bras et me relève de force. Je dis « de force » parce que j'aurais préféré rester accroupie au sol.

— Debout et continue ! fait une voix rude.

— Quoi ?

Je me retourne et je vois le visage sérieux de James Crown. C'est lui qui vient de me relever et c'est lui qui vient de m'ordonner de continuer. Je m'exécute comme une automate, un robot bien programmé qui connaît les figures à produire. Je reprends du début. Les exercices deviennent fluides et j'arrive à terminer l'audition.

— Merci ! Suivant !

James marche déjà vers la porte, accompagné de l'un de ses fidèles amis. Je ne devrais pas faire ce que je m'apprête à faire, mais je suis incapable de me retenir. Il m'a sauvé la mise, je dois dire quelque chose pour lui montrer ma reconnaissance.

— Excuse-moi ! Hé !

James s'immobilise, mais ne se retourne pas immédiatement, un peu comme dans les films de cowboy. Va-t-il dégainer un pistolet en me sortant une réplique de western spaghetti ? Je me fais rire moi-même. Un sourire que je dissimule difficilement sur les lèvres (je n'ai pas encore fini de rigoler de la blague que je viens de me faire), je le contourne pour lui parler en face. Monsieur Crown ne daigne pas m'adresser la parole ? Tant pis !

— Allô ! On s'est vus l'autre jour, tu m'as demandé d'où je venais…

Pas de réponse, juste un regard noir. J'aurais peut-être dû laisser faire cette petite intervention, mais c'est trop tard.

— Vaudreuil-Dorion, dit-il.

— Exact ! C'est un beau coin, tu connais ?

Mais qu'est-ce qui me prend ? Je ne voulais que dire merci et bye !

— Non.

— C'est pas grave… En fait, je voulais juste te remercier de m'avoir encouragée à recommencer et à ne pas me laisser abattre parce que j'ai trébuché. Donc… euh… merci !

Avec une petite révérence à la japonaise (MAIS QU'EST-CE QUE JE FAIS ?), je me retire de sa vue.

Une chance que la semaine se termine demain. Je pense que j'ai besoin d'une pause.

Chapitre 25

Cocktail Alex-Kim

J'aimerais pouvoir dire qu'on est « déjà » jeudi, mais la semaine a été si **loooongue** qu'on est réellement **juste jeudi.** J'ai reçu quelques textos de Samantha dans les derniers jours. Rien d'important, seulement des « salut, ça va ? » et des questions concernant le cours de français. Elle est sympathique à petites doses. Je suis contente qu'elle ait repris contact avec moi.

Je n'en peux plus de compter les heures sans Marie-Douce, à me demander si elle s'en sort bien dans son collège de désaxés ! En plus, pour faire exprès, Xavier a été très occupé avec son équipe de hockey. En vue d'un gros tournoi à la fin du mois de janvier, ils sont en entraînement intensif. Tous les soirs de cette semaine, il les a passés chez Martine, trop fatigué pour être de bonne compagnie, m'a-t-il dit entre deux baisers avant de me quitter pour monter dans son autobus.

— Je te revaudrai ça, OK ? a-t-il murmuré dans mon oreille en caressant mes cheveux.

— Ben non, c'est correct. C'est un tournoi important. Je comprends ça.

Une chance que Corentin est là. Depuis lundi, il est avec moi pendant toutes les pauses entre les cours ainsi qu'à l'heure du lunch.

— Il est temps que je me fasse une nouvelle blonde, dit-il alors que nous mangeons en tête-à-tête à la cafétéria.

Je ne peux pas m'empêcher de dévisager Corentin avec enthousiasme. Enfin quelque chose pour animer ma journée plate ! Quoi de mieux que de me mêler de la vie amoureuse des autres ?

— Ah, oui ? As-tu une fille en vue ?

— Peut-être bien, mais tu ne la connais pas.

— Mais présente-la-moi, voyons !

— Un de ces jours. Pour l'instant, je crois qu'une autre sorte de problème t'attend au tournant.

Je regarde autour de nous, parmi les autres élèves qui sont installés, comme nous, aux tables pour manger leur lunch.

— Ah, oui ? Où ça ?

— À dix heures… te retourne pas trop vite. Alexandrine et Kim discutent en te lançant des regards louches.

— Han ? Depuis quand est-ce qu'elles se parlent, ces deux-là ?

Corentin dépose son sandwich et s'essuie les mains avec un petit rire sarcastique.

— Tu ne connais pas l'adage qui dit qu'il n'y a rien pour créer une amitié spontanée entre deux filles que de haïr la même personne ?

Je bats des paupières plusieurs fois, incertaine d'avoir bien saisi le sens de ses paroles.

— Et cette ennemie commune, j'imagine que c'est bibi ? dis-je en me pointant moi-même de l'index.

— Tu as tout compris.

— Mais Kim a toujours été amicale avec moi et Alex… euh… elle ne me déteste pas, c'est juste qu'elle est pâmée sur Xavier et qu'elle ne veut pas décrocher.

Corentin croise les bras sur sa poitrine.

— D'accord, mais maintenant que ces deux bombes à retardement se sont ralliées, ça va faire des étincelles.

— Ben non…

Je dis ça, mais dans le fin fond de moi-même, j'ai un peu peur du cocktail Alex-Kim. Ça peut être explosif.

— Tu crois que Kim aime encore Xavier ? dis-je avec peu d'espoir.

Corentin roule les yeux.

— Je pense surtout qu'elle le voyait comme sa propriété. Quand Xavier l'a laissée, elle s'est sentie insultée. Je pense aussi qu'il n'y a rien de pire pour une fille que de voir son ex être beaucoup plus amoureux de sa nouvelle copine qu'il ne l'a jamais été d'elle. Est-ce que tu me suis ?

— Non.

— D'accord, je vais te faire un dessin : Xavier est plus attaché à toi qu'il ne l'a jamais été à elle et ça se voit énormément.

— Aaah ! Je comprends. Mais quand même…

— Réfléchis, Laura ! Même si Kim a été trèèès gentille avec toi, est-ce qu'il lui est déjà arrivé de te lancer des vacheries déguisées en bons mots ?

— Euh… oui. Elle m'a déjà dit que Xavier trouvait que je faisais pitié et qu'il était gentil avec moi juste parce qu'il se sentait coupable à propos de mon père qui passait plus de temps avec lui qu'avec moi.

— Bingo ! Elle savait que Xavier t'aimait. Elle voulait brouiller les pistes en te disant de pareilles âneries.

— Tu penses ?

— Ta naïveté me décourage, Laura, soupire Corentin. Et maintenant, regarde-les : deux pies prêtes à monter un plan infaillible pour te mener la vie dure. Hypocrites comme elles le sont, elles vont sûrement le faire avec le sourire et une fausse gentillesse mielleuse à souhait.

— Arrête, Corentin, tu me donnes des frissons dans le dos. Veux-tu l'autre moitié de mon sandwich ? J'ai perdu l'appétit, tout à coup.

— Attention, ton autre *fanclub* approche, dit-il avec un sourire amusé. Décidément…

Merci pour l'ironie ! Si ma relation avec Samantha a repris du poil de la bête, ça reste toujours tendu avec Constance, qui est loin d'être ma plus grande supporter, ces derniers temps.

— Salut, Laura, fait Constance d'une voix plate en s'assoyant à côté de Corentin.

— Salut, Constance, dis-je sur le même ton.

— Allô, Laura ! fait Samantha qui prend la place à ma droite. Quoi de neuf ?

Ça fait du bien de savoir qu'il y en a au moins une qui ne semble pas vouloir m'arracher les yeux.

— Rien de neuf…

— À part le fait que Marie-Douce a changé d'école et que tu sors avec Xavier Masson, y a rien de neuf, hein Laura ? dit Constance d'un petit ton de défi.

Va-t-elle un jour me pardonner d'avoir fait de la peine à son neveu ? Peut-être avec le temps…

— Qu'est-ce que tu veux, Constance ? intervient Corentin.

— Je veux juste suggérer à Laura d'avoir une bonne conversation avec son père au sujet de Xavier. Je te dis ça en toute amitié, Laura, même si… bon… en tout cas.

— Même si quoi ? demande Corentin. Allez, Constance, pour une fois, dis-nous le fond de ta pensée ! Vide ton sac !

Le ton de Corentin est carrément moqueur, voire baveux, et je ne peux pas réprimer un petit fou rire.

— Même si on ne se parle plus, soupire finalement Constance.

— Moi, je te parle encore, Laura, dit Samantha dans sa grande candeur.

— Merci, Samantha, toi t'es une vraie amie ! réplique Corentin avec un autre sourire sarcastique.

Si Samantha ne saisit pas immédiatement que Corentin se moque d'elle, Constance, pour sa part, ne manque pas une seule des pointes de mon ami. Elle se lève sans tarder et s'apprête à s'éloigner. J'essaie de rattraper la situation en lui offrant une chance de faire la paix.

— Constance, on peut arrêter de «ne pas se parler»? dis-je en mimant des guillemets avec mes doigts. S'il te plaît, dis-moi pourquoi il faudrait que je discute avec mon père concernant Xavier. Tu penses que Xavier me cache quelque chose d'important?

Constance pince les lèvres et hésite.

— Non. Xavier est pas au courant de ce que ton père pourrait avoir à te dire. Du moins, il l'est pas encore. Enfin, c'est ce que je crois. Les potins circulent tellement vite, comment savoir qui sait quoi? C'est quasi impossible.

Le fait qu'elle en sache plus que moi la fait jubiler, ça se voit. Parler en paraboles incompréhensibles semble aussi lui plaire un peu trop.

— Mais mon père est en mission à l'étranger et on ne sait pas quand il va revenir. Dis-moi ce que tu sais, Constance. Arrête de niaiser!

Au lieu de parler, elle grimace et détourne le regard. Puis, elle secoue la tête.

— J'en suis incapable, Laura. C'est trop… triste. Je voulais juste que tu t'assures d'avoir la vérité de la bouche de ton père avant que le potin horrible qui circule arrive à tes oreilles. Je dois y aller… bye, Laura. Je suis désolée de ne pas pouvoir t'aider davantage.

Avant de suivre sa tante, Samantha me serre la main (sans mesurer sa force herculéenne et me faisant grimacer de douleur par le fait même !) avec un sourire empathique.

Lorsqu'elles sont toutes les deux hors de portée de voix, je dévisage Corentin.

— As-tu entendu une rumeur me concernant, toi ?

Corentin secoue la tête à la négative.

— Non, mais ça ne devrait pas tarder. Je vais demander à quelques personnes.

Une énorme boule de stress vient de s'installer dans ma poitrine.

Parler à mon père ?

Une rumeur triste ?

Mais qu'est-ce que Constance essayait donc de me dire de si grave ?

J'aimerais ne jamais le savoir…

Chapitre 26

Un rendez-vous angoissant

Quelqu'un a glissé une note sous la porte de ma chambre. C'est Vivianne qui l'a ramassée.

— Il y avait ça pour toi quand je suis entrée tout à l'heure. Ton nom est écrit au dos de la feuille, dit-elle d'un air un peu trop fier.

Je saisis le papier du bout des doigts, comme s'il était en feu.

— Wouah ! Tu devrais te voir la face ! T'es blanche comme un drap ! Attends-tu des mauvaises nouvelles, par hasard ?

— As-tu lu le message ?

Je pose la question un peu trop brusquement. C'est la nervosité qui me rend impatiente.

— Bien sûr que non ! Pour qui tu me prends ?

Pour une fille qui l'a lu !

La lettre était peut-être dans une enveloppe scellée et je ne le saurai jamais.

— Allez ! Lis donc !

Je n'aime pas quand Vivianne se prend pour ma *BFF* et croit que je veux partager toutes mes histoires personnelles avec elle. Cette place dans ma vie est occupée par Laura et Laura uniquement.

— Je vais aller dans la salle de bains, dis-je d'une voix enrouée par la crainte.

Une fois enfermée, je déplie la note.

Ce n'est pas l'écriture de Maddox. Celle-là, je la connais bien : cursive et précise. Maddox écrit comme un artiste : on voit qu'il est habile avec un crayon et qu'il a une touche très personnelle.

Marie-Douce,

Rends-toi à la salle Paul-Cézanne à 6 heures demain matin, sans faute.

J.

J. pour James. C'est facile à deviner : je ne connais personne d'autre dans ce collège dont le prénom commence par la lettre J et qui serait susceptible de m'écrire un message de ce genre. Voilà ! Ma vie au collège s'arrête demain matin à 6 heures. C'est dommage, moi qui commençais à prendre le dessus dans presque tous mes cours.

Je n'ai pas révélé le contenu de la note à Vivianne. Elle a passé la soirée à me lancer des regards curieux que j'ai tâché d'ignorer en me vissant une grosse paire d'écouteurs sur la tête et en faisant mes devoirs dans mon lit, adossée à mes oreillers. J'ai téléchargé l'album entier des Full Power durant les vacances de Noël. Cinq des douze chansons sont principalement chantées par Lucien. Les autres pistes sont interprétées par Harry Stone, qui n'a pas le même genre de tonalité. Le timbre de Lucien est plus rauque et plus bas que celui de son ami. J'aime aussi quand ils entremêlent leurs voix.

Je devrais peut-être – sûrement ! – cesser de me tordre le cœur en écoutant la musique de mon ex-amoureux, mais c'est plus fort que moi. Je crois qu'elle va rester dans les favoris de ma liste de lecture jusqu'à ma mort.

Mais mon problème, en ce petit matin encore sombre, ce n'est pas Lucien. C'est James Crown. Devrais-je être docile et me rendre au point de rencontre indiqué sur la feuille ou faire comme si je n'avais pas reçu la missive ou, encore mieux, comme si je m'en fichais comme de l'an quarante ?

J'essaie d'imaginer les répercussions si je ne me présente pas à son petit rendez-vous pas galant du tout. Viendra-t-il me chercher dans mon lit pour me traîner par les cheveux ? J'en doute fort. Il attendra le bon moment pour me piéger, c'est clair. Si au moins je savais ce qu'il me veut ! Ça m'aiderait à me décider.

Où Maddox se cache-t-il pendant ce temps ? Il a certainement une chambre qu'il partage avec un autre pensionnaire à l'étage des gars. Note à moi-même : trouver la chambre de Maddox. Même s'il insiste pour ne pas avoir de contact avec moi, j'aimerais au moins savoir où il dort.

Il est 5 h 32. Qu'est-ce que je fais ? J'y vais ou je n'y vais pas ?

Je suis rongée par la curiosité !

Sans y réfléchir davantage, je me glisse hors de mes draps jusqu'à ce que mes pieds nus entrent en contact avec le plancher froid. J'ai pris ma douche avant de dormir, je n'ai donc qu'un brin de toilette à faire, brosser mes dents et nettoyer mon visage avant de m'habiller.

Je commence à connaître les recoins du collège et je me rends relativement facilement à la salle Paul-Cézanne (bon, d'accord, j'ai peut-être consulté le plan détaillé du collège avec la mention « vous êtes ici », qui est affiché dans tous les couloirs). Les lumières des corridors sont tamisées, redonnant au décor son atmosphère antique. Je devine que la salle où je dois me rendre fait partie de la section des arts visuels, c'est-à-dire dessin, peinture et sculpture. Cézanne était un peintre impressionniste. Il est mort depuis plus d'un siècle. Je ne connais pas grand-chose à l'histoire de l'art, mais je sais qu'il est le peintre favori de Miranda. Du moins, c'est ce qu'elle affirme quand elle veut épater la galerie et paraître cultivée. Elle aime relater la vie de cet artiste et commenter ses œuvres.

La porte de la fameuse pièce est entrouverte, m'indiquant que je ne suis pas la première arrivée. Il fait encore noir dehors, mais les néons sont allumés. En entrant, je remarque une peinture immense. Elle doit faire un mètre de largeur sur deux mètres de hauteur. Il s'agit d'un portrait d'un homme au double menton, au crâne dégarni et aux cheveux grisonnants. Ce qui me frappe surtout, ce sont ses yeux rougis, son sourire cruel et les cornes noires qui semblent sortir de son crâne. Sur son torse habillé d'un veston gris et d'une chemise blanche tout ce qu'il y a de plus classique, une pancarte blanche porte l'inscription : « J'abuse de mon autorité et personne n'y peut rien », écrite en gris assez pâle pour qu'on doive porter une attention particulière à l'écriture pour déchiffrer les lettres.

Fascinée, j'élimine tout de suite la possibilité qu'elle puisse être l'œuvre d'un adolescent. Un professeur d'art frustré contre son patron doit l'avoir réalisée. Puis… les paroles de Xavier me reviennent : Maddox s'est fait suspendre pour avoir peint une toile dénonciatrice du comportement de l'ancien directeur du collège ! Oh, mon Dieu ! Cette toile serait donc… wow…

— Tu l'aimes ? fait une voix derrière moi.

Je me retourne et je découvre James Crown en personne, les mains derrière le dos, sa chemise blanche semblable à celle du directeur déboutonnée pour libérer son cou. Il porte un pantalon gris trop guindé pour un étudiant de quinze ans. Sa frange est assez longue pour tomber sur son visage, mettant en valeur sa mâchoire carrée et ses yeux qui semblent dénués de toute émotion.

— Quoi ?

— La toile de ton ami Maddox. Je l'ai fait sortir juste pour toi. J'aime l'art contestataire, pas toi ? me demande-t-il avec un sourire sarcastique. L'ancien directeur n'a pas eu la chance de prouver son innocence dans l'affaire des notes manipulées. Maddox a décidé de le condamner avant que l'enquête soit terminée. C'est un petit rapide…

Surprise par cette information, j'ouvre la bouche pour parler, mais rien ne sort. J'hésite entre mentir et dire la vérité.

— Je ne suis pas au courant de cette histoire. Tout ce que je peux dire, c'est qu'il a beaucoup de talent, dis-je simplement.

James esquisse un sourire, toujours sans émotion, mais un sourire quand même.

— Je dois avouer que t'es courageuse, Marie-Douce Brisson-Bissonnette, dit-il en agitant son index dans ma direction.

— Pourquoi courageuse ?

— Pour être venue ici ce matin, et admettre sans hésiter que le mécréant est ton ami. Je dois dire que je suis agréablement surpris.

Il s'approche de moi jusqu'à ce qu'on soit à une distance trop faible pour ne pas me mettre mal à l'aise. Malgré tout, je garde mes semelles solidement ancrées au plancher.

— Et tu ne recules pas… intéressant… Dis-moi, ma douce Marie, est-ce que tu sais qui je suis ?

— Qui ne le sait pas ?

Il agite encore son index en rigolant. Il marche vers la toile, me laissant respirer plus librement.

— T'as raison. Qui ne le sait pas ? Je suis le fils de l'homme politique que l'on dit être le plus controversé des cent dernières années. Un homme à l'abri de toutes représailles, c'est un peu dangereux, tu ne trouves pas ? C'est pourtant le cas de mon cher père.

— T'es la personne que tu décides d'être. T'es pas ton père, dis-je avec aplomb.

— Qu'est-ce qui te fait dire que je ne suis pas fier de mon paternel ? demande-t-il en levant un sourcil. Il a réussi dans la vie même s'il est parti de rien. Il a fait son chemin alors que tous étaient contre lui. Il est devenu riche, immensément riche.

Il me scrute, observant ma réaction face à ces informations qui en impressionneraient plusieurs. Croit-il m'intimider ? S'attend-il à ce que je sois soudainement intéressée par lui ? Non… Il me teste, voilà ce qu'il fait.

— L'argent n'est pas un gage de bonheur, dis-je simplement.

Ce sont des mots que je n'ai pas appris de Miranda, ça, c'est sûr. Plutôt de Nathalie et de mon père.

James éclate de rire.

— Un gage de quoi ?

Il se moque de moi ouvertement, mais je m'en fiche. C'est lui qui fait pitié et non moi.

— Tu ne peux pas comprendre ce genre de concept, on dirait, dis-je rapidement. Excuse-moi, James, mais pourquoi est-ce qu'on parle de ton père ? Et pourquoi m'as-tu montré cette toile ?

— Cet homme sur la toile, c'est mon oncle… du moins, c'est quelqu'un que je considère comme étant de ma famille. Ton « ami » l'a… comment dire ? Déshonoré. Si on était à l'époque de la construction de cet établissement, il aurait été durement puni. Le fouet, l'écartèlement…

— Tu regardes trop de films. C'est pour cette toile qu'il a été suspendu durant des semaines ? Il a donc été puni suffisamment.

Mais James secoue la tête avec un petit rire inquiétant.

— Non, ma belle douce Marie. Il ne l'a pas été assez.

— Appelle-moi pas comme ça.

Ça me fait trop penser à la chanson « *Sweet Mary* ». *Seul Lucien peut m'appeler comme ça.*

— Douce Marie ? Tu trouves ça insultant ? C'est ton prénom, pourtant.

— Dans ta bouche, ça sonne comme si tu planifiais de me couper en petits morceaux.

Il éclate de rire. Pour la première fois depuis le peu de temps que je connais ce garçon imprévisible, il rit avec cœur.

— T'es amusante. Je ne pensais pas avoir à faire à une fille aussi intrigante.

Épuisée par cette conversation épineuse, j'émets un rire forcé et m'apprête à déguerpir.

— Ha ! Ha ! Merci ! Bon, si je n'y vais pas tout de suite, il ne restera rien pour déjeuner à la cafétéria et je meurs de faim ! dis-je malgré le nœud qui comprime mon estomac.

— Je disais donc que ton ami Maddox n'a pas encore eu la punition qu'il mérite, insiste James alors que je viens de pivoter sur mes talons.

La réplique de James me stoppe dans mon élan. Une main sur la poignée de la porte, je m'arrête. Tout dans le ton de la voix de James résonne comme une menace à mes oreilles. Un goût amer me vient à la bouche. Je sens que ce que je vais entendre dans les prochaines secondes sera atroce.

Chapitre 27

Une angoisse intenable

Xavier m'évite. Je le sais, je le sens et je suis en panique totale. Ça doit avoir un lien avec la rumeur qui court à notre sujet. Personne n'accepte de me dire de quoi il s'agit. À part Constance qui a eu le courage d'au moins m'avertir, ils font tous comme s'ils ne savaient rien. J'ai demandé à Héloïse Chouinard et à ses acolytes, mais elles ont vite trouvé une excuse pour se défiler. En retard pour leur pratique d'impro, ou quelque chose du genre. Je n'ai même pas compris tellement elles marmonnaient. J'ai ensuite demandé à Érica St-Onge. Je me suis dit que s'il y en a une qui se ferait un plaisir de m'annoncer une mauvaise nouvelle, ça serait bien cette chère Érica ! Eh bien, j'avais tort. Elle a secoué la tête en fermant son casier.

— Je te souhaite juste que ça ne soit pas vrai, Laura.

— Qu'est-ce qui ne serait pas vrai ? ai-je presque hurlé.

— Excuse-moi, je suis incapable de te dire ça.

— Mais, Érica ! S'il te plaît !

Elle a levé une main pour m'arrêter et s'est enfuie avec ses cahiers contre sa poitrine.

Ce matin, le dernier de la semaine, il y a un grand vide autour de moi. Je ne suis pas une goutte de Palmolive dans de l'eau graisseuse ; je suis une grosse crevette moisie qui pue la pourriture ! On me regarde de loin, on secoue la tête. Plusieurs se couvrent la bouche de la main, comme s'ils étaient scandalisés à la simple idée que j'ose me pointer à l'école. C'est le fameux secret honteux qui voyage, sans aucun doute. Je dois intercepter l'information d'une manière ou d'une autre. Il me reste environ dix minutes avant la cloche du deuxième cours de la journée. Juste assez de temps pour courir jusqu'à la salle G et tenter à nouveau de voir Xavier. Lorsque j'arrive à destination, je l'aperçois, de dos, marchant vers son casier.

— Xavier !

Il s'arrête, ses épaules s'affaissent et il se retourne lentement. Vraiment len… te… ment… Quand finalement son regard marron croise le mien, je constate que ses yeux sont rouges et humides. Il a une blessure près de l'oreille et une lèvre contusionnée. Se serait-il battu ?

Je m'approche à pas prudents. J'oublie de respirer tellement j'ai peur. Peur de quoi ? Je ne sais pas, mais je suis terrifiée. Je devine facilement que Xavier est au courant des racontars qui sont en train de détruire ma vie à coups de masse.

— Qu'est-ce qui t'est arrivé ? dis-je en tentant de toucher sa joue doucement.

D'une main rapide et rigide, il saisit mon poignet avant que j'atteigne sa blessure.

— C'est rien. Tu ferais mieux de m'éviter, Laura, murmure-t-il d'une voix à peine audible.

— Han ? Quoi ? Pourquoi ?

Le muscle de sa mâchoire se tend alors qu'il émet un soupir d'impatience. Son agressivité est palpable. J'ai l'impression qu'il s'apprête à tuer quelqu'un !

— Je t'expliquerai ce soir, mais pas ici, OK ? Retourne dans la salle F et ne reviens pas me voir du reste de la journée, compris ?

C'était inévitable, mes yeux sont envahis de larmes. Comment pourrais-je les retenir ? Un monstre est en train de détruire mon existence et je ne sais même pas de quoi il s'agit. Xavier m'avait promis qu'il ne me repousserait jamais. Que s'est-il passé pour qu'il brise sa promesse ?

— OK… je pars, dis-je, en tentant de conserver mon calme.

Pour ce faire, je dois prendre de longues respirations et fermer les yeux.

Lorsque j'ouvre les paupières, Xavier a disparu.

Demain, c'est ma fête. Pour une fois qu'elle tombe un samedi, voilà qu'elle sera gâchée. Je n'ai rien prévu et j'ai l'impression que personne à part ma mère (après toutes ces heures de douleur pour me donner le jour, il serait étonnant qu'elle l'oublie !) n'est au courant. J'aurai enfin quatorze ans. Il me semble que quatorze, c'est tellement plus vieux que treize. Quand on me demande mon âge et que je dis : « treize ans », on me regarde comme si j'étais une fillette. Quand Marie-Douce dit « quatorze ans », on ne lui sert pas la même expression. On la prend pour une fille plus vieille. J'avais si hâte à ma fête ! Si la rumeur n'est pas éclaircie et démentie dans les prochaines heures, j'aurai le pire anniversaire de ma vie entière.

Constance m'a dit de parler à mon père. Peut-être qu'il m'appellera pour ma fête, justement ? Ce petit espoir que je chéris dans mon esprit depuis des jours n'est pas réaliste, je le sais bien. Si papa avait pu communiquer avec nous, ça fait longtemps qu'il l'aurait fait.

Comment faire pour survivre jusqu'à ce soir ?

Je suis sûre que je vais mourir avant le son de la dernière cloche.

Chapitre 28

Bingo !

— Tu es sûrement déjà au courant que ton cher ami Maddox est en lice pour un prix à Paris ? Il a du talent, on ne peut pas le nier, dit James en marchant vers moi à pas lents.

— En effet…

— C'est le genre de récompense qui change la vie d'un artiste, surtout celle d'un jeune peintre qui vient d'un milieu, disons… modeste.

— Maddox vient d'une famille qui a payé cher pour défendre notre pays.

James roule les yeux comme si je venais de dire une chose totalement ridicule.

— Ouais, je sais, son pauvre père est handicapé. Bla ! Bla ! Bla !

Je ne peux m'empêcher d'afficher ma surprise. Je me souviens que, quand Laura m'avait relaté son cœur-à-cœur avec Kim, elle avait mentionné que monsieur Buteau avait été grièvement blessé au combat et que ça l'empêchait de prendre soin de ses enfants comme il l'aurait voulu. De me voir balancer cette information de nouveau et de façon si… irrespectueuse par nul autre que James Crown me met tout à l'envers.

— T'es donc bien sans cœur !

— J'ai jamais dit le contraire. Il paraît que c'est dans mon sang. C'est plus fort que moi. Ah non, c'est vrai ! Je suis ma propre personne… je ne suis pas obligé d'être comme mon père, c'est ça, douce Marie ?

Voilà le découpeur de chair qui revient à la charge.

— Exactement !

— C'est mignon, ces belles pensées. Tu lis des livres de croissance personnelle, aussi ? La pensée positive… Oh ! Je sais ! Tu dois être du genre à faire de la méditation pour chasser les ondes négatives de tes chakras ! J'ai raison ?

L'hypnose qu'Alexandrine m'a prodiguée me revient en tête. Si James savait ça, il se roulerait par terre.

— Va chez le diable !

— Trop tard…, dit-il en ouvrant les bras. J'y suis déjà !

— Viens-en au fait, James, dis-je entre mes dents.

— Ah, oui ! On parlait de quoi déjà ? De Maddox et du prix prestigieux qui pourrait changer sa pauvre vie de vaurien. J'allais dire que je pourrais le faire disqualifier. La seule raison pour laquelle le conseil d'administration l'a pas exclu du concours après l'histoire avec mon oncle, c'est parce qu'un prix d'excellence de ce calibre donnerait une visibilité internationale au collège de la Tourelle. Comme ça fait deux ans qu'on n'en a pas eu, celui de Maddox est très espéré.

Si ça fait deux ans, ça pourrait expliquer pourquoi le directeur aurait pu vouloir tricher pour arriver à redorer le blason de l'école !

— T'as rien pour le faire disqualifier !

— Ne me sous-estime pas, douce Marie.

— OK, disons que t'as vraiment ce qu'il faut pour lui causer du tort… pourquoi est-ce que tu m'en parles à moi ? J'y peux rien !

— C'est là que tu te trompes, me corrige-t-il. Parce que, vois-tu, j'ai fait quelques recherches te concernant. Ton visage m'était… familier, alors je me suis dit : faisons la lumière sur l'identité de cette fille intrigante.

Nous y voilà… Cendrillon.

— Il se trouve que le monde est très, très, très petit. Imagine-toi donc que mon oncle, celui-là même qui est sur le portrait qu'a peint Maddox avec tant d'amour, connaît le frère de Jake Smith. Et qui est donc Jake Smith, Marie-Douce ?

Un silence s'installe, dur, amer et méfiant. Je suis renversée par sa déclaration. N'y a-t-il donc rien qui ne soit pas à la portée de James Crown ?

— Le père de Lucien Varnel-Smith, finis-je par bafouiller.

— Bingo !

— J'ai plus aucun lien avec ces gens-là. Tu perds ton temps si tu penses m'intimider en me parlant de Lucien.

— Le problème, c'est que lui aussi, je peux lui faire du tort. Son papa n'est pas très gentil, est-ce que tu le savais ? Il est un peu tyrannique, d'après mes sources. Ça serait bien dommage, un scandale familial pendant que sa carrière va si bien. Dire à la presse que le beau Lucien Varnel-Smith est une marionnette entre les mains de son paternel pourrait faire une belle page couverture de magazine.

Ayayaye ! Ce gars a des tentacules partout ! A-t-il fait des recherches sur Laura aussi ? Corentin ? Xavier ? Il ne manquerait plus que ça !

Bluffe-t-il ? Est-ce que je peux courir le risque de ne pas le croire et mettre en péril mes amis ? Non. Je ne le peux pas.

— Qu'est-ce que tu veux de moi ?

Ma question le fait taper des mains avec une joie qui me donne froid dans le dos.

— Enfin ! Elle a compris ! Ça t'en a pris du temps ! Si tu veux protéger tes copains, j'ai besoin de tes services, douce Marie.

Chapitre 29

La grosse affaire

16 h 10. J'ai survécu au pire après-midi de ma vie entière. Les muscles de mes épaules sont si tendus que je me suis fait un torticolis avec un mouvement hyper banal : tendre le bras pour ramasser mon sac d'école dans mon casier.

Je me dirige vers la porte vitrée pour sortir de cet enfer. J'ai l'impression de laisser un incendie destructeur derrière moi lorsque le vent glacial me fouette le visage. Je préfère ça à l'air vicié de l'école. Mais ce n'est pas parce qu'on change d'endroit que notre cœur est lavé de tous ses malheurs. Je me sens encore atrocement mal. Je prendrais volontiers une gastroentérite aiguë en échange de cette lame d'angoisse qui me tranche l'esprit sous tous les angles.

— Laura ! Attends !

Je me retourne pour voir Samantha Desjardins marcher dans ma direction, son sac sur l'épaule. Immobile, je la laisse me rejoindre sans parler. Que pourrais-je dire ? Je ne sais même pas encore ce qui se passe.

Lorsqu'elle arrive à ma hauteur, Samantha me sourit, mais je la sens mal à l'aise.

— Je voulais juste te dire que tout ce qui arrive, c'est pas de ta faute. Et il y a d'autres personnes que tu pourras aimer, t'sais.

— Han ? D'autres personnes ? Je ne sais pas ce qui se passe, Samantha, tu peux m'éclairer ?

Surprise par ma question, elle ouvre grand les yeux.

— Tu ne sais toujours pas c'est quoi la fameuse rumeur ? demande-t-elle.

Je secoue la tête en haussant les bras hauts dans les airs en signe d'impatience.

— Nooon ! Personne ne me dit rien. Je capote !

Samantha incline sa tête rousse en tapotant mon épaule de sa main gantée.

— Je ne voulais pas être celle qui t'annoncerait ça, mais je pense qu'il est temps que tu le saches étant donné que tout le monde ne parle que de ça… Alors, voici !

— Samantha, si tu dis un seul mot de plus à Laura, t'auras affaire à moi ! fait la voix courroucée de Xavier derrière nous.

Nous nous retournons d'un mouvement coordonné. Mon amoureux marche vers nous à pas de géant, comme un gars en mission.

— Mais il est temps qu'elle sache ! se défend Samantha.

La main de Xavier se pose sur ma taille et il me serre contre lui un peu brusquement.

— Tu devrais peut-être arrêter de la toucher comme ça, marmonne Samantha. C'est un peu dégueu…

Han ?

Est-ce que j'ai vraiment la lèpre ?

— Dis ça encore une fois pour voir ! T'es chanceuse que je ne frappe pas les filles ! s'emporte Xavier en me serrant encore plus fort.

Mon visage est collé contre le doux tissu de son manteau à la hauteur de sa poitrine. Dans son étreinte, je me sens protégée de tout… d'habitude. Mais là, les mots de Samantha m'effraient. Il faudrait qu'on ne se touche pas ? C'est quoi cette folie ?

— Viens, souffle Xavier au-dessus de ma tête. On va régler ça une fois pour toutes.

— Régler quoi ? Je veux savoir ce qui se passe !

Au lieu de prendre ma main comme il le ferait en temps normal, Xavier me fait signe de le suivre et s'éloigne rapidement vers l'avenue Saint-Charles, laissant en plan Samantha qui me salue d'un geste faible. Lorsque nous arrivons au trottoir de la grande artère, loin des regards et des oreilles des autres élèves, il s'arrête, puis recule d'un pas lorsque j'essaie de me rapprocher de lui. Mon cœur se serre. J'ai un mauvais pressentiment. Xavier est trop distant et sérieux. J'essaie de respirer normalement. Ce n'est pas le moment d'avoir une attaque de panique.

— OK, dit-il. Je vais te dire c'est quoi, la mauvaise blague qui circule, mais d'abord promets-moi de ne pas partir en peur. Je suis sûr que c'est faux.

— Je capote déjà, dis-je en sautillant sur place.

J'essaie encore de l'approcher, espérant qu'il arrête d'être bizarre et me prenne dans ses bras, mais il recule de nouveau. Je vais mourir d'angoisse. C'est quoi la grosse affaire ? Rien dans la posture crispée de Xavier ne m'aide à me calmer. Il est tellement pâle. Je ne l'ai jamais vu comme ça !

— C'est Kim qui a lancé la rumeur, commence-t-il. Je le sais parce que c'est tout à fait son genre de truc. Ton amie Alexandrine est aussi dans le coup.

— Xavier, arrête de tourner autour du pot et crache le morceau !

Il expire par le nez, les dents serrées. Lorsque, finalement, il ouvre la bouche, je crois défaillir.

— Elles ont laissé entendre que ma mère et ton père avaient eu une relation avant que Daniel soit avec ta mère et que…

Les mots que Xavier prononce me heurtent les tympans même si sa voix n'est qu'un murmure rauque.

— On serait demi-frère et demi-sœur ? !

Si Xavier chuchote, moi je hurle ! Ça y est, la crise d'hyperventilation n'est pas loin ! Je vais bientôt voir des étoiles…

— Laura ! Calme-toi ! C'est sûrement une mauvaise blague.

— Si… tu… le croyais vraiment… t'aurais pas arrêté de me prendre dans tes bras…, dis-je de peine et de misère entre deux souffles courts.

— T'as raison, je capote pas mal moi aussi, marmonne-t-il. Es-tu correcte ? J'ai pas de sac de papier pour t'aider à reprendre ton souffle…

Je lève une main pour lui faire signe d'attendre un peu. J'ai besoin de m'asseoir, mais c'est impossible, alors je me replie sur moi-même pour reprendre mes esprits.

— Elle est dont ben méchante, ton ex ! Entre ça et un coup de couteau dans le dos, je pense que j'aurais préféré le couteau.

— Kim peut être sans pitié. Viens, rentrons. Je vais essayer de contacter ma mère pour en avoir le cœur net.

Molle comme une guenille, je ne résiste pas lorsque Xavier me pousse doucement dans le dos pour me guider vers la maison du Vieux-Vaudreuil. Nous marchons de longues minutes en silence, chacun dans nos pensées. Je me demande si Xavier se souvient de la même chose que moi : mon père ne voulait pas qu'on sorte ensemble. Serait-il possible que… Non. Je refuse même d'y penser.

Chapitre 30

Situations épineuses

— Je te laisse y réfléchir. Si tu es *game,* reste au collège ce soir et accompagne-moi demain au banquet de ma mère.

Ce sont les derniers mots que James Crown m'a adressés avant que je ne m'enfuie en courant le plus loin possible de lui.

Je dois prendre une décision rapidement. Il est déjà 16 heures passées. Mon père sera ici vers 19 heures, plus tard que prévu parce qu'il doit régler un dossier de dernière minute. Ça me laisse un peu de temps pour considérer la situation.

Pour une raison qui m'échappe, James Crown veut que je joue le rôle de sa blonde. Il a promis de ne pas me toucher, ni de me forcer à faire quoi que ce soit lorsque nous serons en privé, précisant que je ne l'intéresse pas de cette « façon-là ». En public, je devrai tenir sa main, son bras, sourire aux convives et être plaisante. Et faire semblant de l'adorer.

C'est débile.

Je suis certaine qu'il y a une explication tout à fait logique derrière cette demande. James ne me dit pas tout, ça, c'est sûr ! Pour l'instant, c'est à moi de choisir : soit j'accepte, soit je refuse. Il n'y a pas d'option entre les deux. C'est aller à cet événement avec lui ou voir Lucien et Maddox subir les conséquences de mon refus.

Dans le couloir, j'ai vu, dans un présentoir vitré, une peinture tellement belle que je me suis arrêtée juste pour la contempler. En temps normal, je ne suis pourtant pas une fanatique d'art. L'œuvre présente une fille de dos, dont on voit un peu le profil. Elle porte une chemise à carreaux et des jeans usés et parsemés de taches de peinture. Autour d'elle, c'est le chaos, des objets brisés, maculés de boue et de poussière. On peut vraiment distinguer la poussière dans l'air qui l'entoure ! C'est un tour de force ! Puis, en lisant la plaque au-dessus de l'œuvre, j'ai constaté qu'il s'agissait là de la fameuse toile qui fait la fierté du collège à l'exposition de Paris. **Maddox Buteau gagnera-t-il le Prix Art Jeunesse de Paris?** pouvait-on lire sur une plaque placée au-dessus de l'œuvre. Puis, j'ai vu que la récompense est accompagnée d'une bourse d'étude à l'université de son choix, dans n'importe quel pays.

Comment pourrais-je ne pas faire tout ce qui est en mon pouvoir pour que cette chance ne soit pas retirée à Maddox ? La décision est claire. La seule option qui me reste, c'est de capituler devant James Crown… et de fermer les yeux sur les passe-droits que m'accordent madame Lessard et l'administration, même si Maddox serait furieux de l'apprendre. Je serai la fausse blonde de James, mais j'y mettrai mes conditions.

Sans plus d'hésitation, je me dirige vers la porte qui mène à l'extérieur, mon cellulaire déjà dans le creux de ma main. Je me sens coupable pour ce que je vais devoir faire à mon père, mais cette décision est trop importante.

— Allô, papa ? Tu ne devineras jamais : j'ai une chance en or de faire partie du grand spectacle de fin d'année en tant que danseuse étoile ! Il faudrait que je passe la fin de semaine ici, par contre.

Je suis une menteuse, je vais finir en enfer.

— Très bien, ma chouette ! Mais est-ce qu'il te manquera des affaires pour la semaine prochaine ? Veux-tu que je vienne te porter des petits plats de nourriture ?

— Non… non… Je n'ai pas encore mangé toute la bouffe de la semaine dernière.

— Oh… il me semble qu'il y avait quelque chose de prévu ici, en fin de semaine, mais ça m'échappe. Tant pis ! Ton occasion d'être danseuse étoile est plus importante !

— Dis à Laura que je vais l'appeler plus tard, OK ?

— D'accord, ma puce. Je t'aime.

— Je t'aime aussi, papa.

Certains pensionnaires – ceux qui habitent très loin – ne quittent pas le collège toutes les fins de semaine pour retourner à la maison. Je ne suis donc pas la seule à passer mon vendredi soir à l'école. Vivianne, qui habite en Mauricie, est parmi les premières à lever le camp et ça fait mon affaire. Elle est gentille, mais ne deviendra pas mon amie. Du moins pas avant un bon bout de temps. Il n'y a pas ce genre d'atomes crochus entre nous. Pas de haine, pas d'admiration, rien. Juste deux filles qui dorment dans la même pièce. Je crois que c'est mieux ainsi. Nous ne risquerons pas de nous détester pour une dispute stupide.

L'étage où est située ma chambre est silencieux. Quelques filles sont là, mais la plupart sont seules dans leur chambre. Donc pas d'échos de voix ni de rires, juste un peu de musique pas trop forte. Un des seuls règlements, c'est que les garçons n'ont pas accès à nos chambres et vice versa, et ce, le jour comme la nuit. Cela signifie que James Crown a soit demandé à une fille de déposer son message sous ma porte hier soir, soit il a désobéi au règlement. Est-ce que ce dernier s'applique à lui ? Je ne serais pas surprise que James ait l'immunité partout où il passe. J'ai cru comprendre que Reynald Crown fait d'énormes donations à la Tourelle. James profite donc d'une loi non écrite : « dorlotons le fils du plus grand donateur de l'histoire du collège ».

Je me prépare à me coucher. Mon pyjama rose est enfilé, mes dents sont brossées, mes yeux sont pleins de sommeil. Il doit être minuit lorsque ma porte s'ouvre. Avais-je verrouillé ? Pourquoi l'aurais-je fait ?

Les serrures se barrent automatiquement. Nul besoin de tourner un loquet ou d'appuyer sur un bouton.

Quelqu'un est dans ma chambre !

Est-ce que je fais semblant de dormir ou est-ce que je me lève ? J'opte pour le second choix, repoussant mes couvertures d'un mouvement brusque, je tombe sur mes pieds et je saute sur le dos de l'intrus, le prenant à la gorge. Il est un peu trop grand pour que je puisse le mettre à terre. Zut !

— Marie-Douce, calme-toi, fait une voix étouffée. C'est moi.

— Toi ?

— Si tu pouvais arrêter de m'étrangler, ça serait *cool*...

— Oh, mon Dieu ! Maddox ?

Sans attendre, je me laisse glisser le long de son dos pour finir assise sur mon lit, faisant tomber son capuchon au passage. Je suis prête à tomber dans mes coussins tellement je suis soulagée !

— Pourquoi es-tu restée ici ? C'est vendredi !

On dirait qu'il m'accuse de quelque chose !

— Ben quoi, c'est pas un crime ! J'ai du retard à rattraper dans mes chorégraphies. T'es bien là, toi aussi ! Pourquoi est-ce que t'es pas retourné chez toi ?

Mensonge... mensonge... L'enfer m'attend, c'est sûr.

Il s'assoit sur le lit vacant de Vivianne, appuyant ses coudes sur ses genoux. Il frotte son visage avec ses paumes.

— Je reste souvent, les fins de semaine. C'est là que j'ai la paix pour peindre.

— Je comprends…, dis-je. En passant, bravo pour ta nomination pour le prix à Paris… J'ai vu que tu pourrais avoir une super bourse pour étudier où tu le souhaites. C'est vraiment *cool* ! Et ta toile est vraiment magnifique, j'ai jamais rien vu de tel !

Il hoche la tête, comme s'il voulait amoindrir le sens de mes paroles et réduire mon enthousiasme.

— C'est comme trop beau pour être vrai, dit-il. On dirait que c'est pas réel. Surtout que…

Il s'arrête et se racle la gorge.

— Surtout que quoi ?

Maddox rit doucement.

— Disons que même si l'administration du collège souhaite ardemment que je remporte ce prix parce que ça fait longtemps que l'école ne l'a pas gagné, il y a des gens qui ne veulent pas que je réussisse. Je risque de me faire tirer le tapis sous les pieds.

Oh, ça je le sais !

— T'sais, les jaloux sont plus à plaindre qu'à craindre, dis-je doucement.

— Je ne crois pas que ce soit la jalousie qui les motive. J'ai un peu cherché le trouble.

Je pourrais lui demander ce qu'il a fait pour mériter ces problèmes et qui lui en veut, mais je suis déjà au courant de tout et il le sait probablement. De toute façon, je suis certaine que Maddox ne voudrait pas m'impliquer dans ses soucis.

— Pourquoi est-ce que je ne suis pas surprise que tu aies une facilité certaine à te mettre dans des situations épineuses ? dis-je en souriant. Tu sais qu'à la maison, mon père cherche encore le rôdeur qui squattait sa remise ?

Maddox sourit.

— Est-ce qu'il a installé une caméra de surveillance ? demande-t-il d'un ton amusé.

— Presque.

Je suis soulagée de constater que Maddox ne semble pas être au courant de mes interactions avec James Crown. Tant mieux. Il n'a pas besoin de le savoir.

Maddox se lève, m'entraînant dans son mouvement de façon à ce que je me retrouve debout face à lui. Il caresse mes cheveux d'une main légère.

— Je vais te laisser dormir, je voulais simplement être sûr que tu saches que quand je t'ai vue ici, j'étais vraiment heureux. C'est juste que je veux te protéger. C'est pour ça que j'étais fâché. C'est rien contre toi, au contraire. Rien que penser à ce qu'il pourrait t'arriver à cause de moi, j'en fais des cauchemars.

— Je comprends, dis-je dans un souffle.

Moi aussi, je veux te protéger et c'est ce que je vais faire !

— Crown, il est… sans conscience. Il vient d'un monde où les lois n'existent que pour les autres. Il a trop de liberté et de pouvoir. Un gars sans scrupules comme lui, c'est dangereux. S'il s'avise de s'en prendre à toi, je risque de perdre la raison et de faire quelque chose de grave.

Ouille ! Je pense que je dois dire au moins une partie de la vérité à Maddox. Il ne faut pas qu'il ait une réaction trop forte et regrettable s'il me voit avec lui ! Et à moins que je sois très chanceuse, c'est inévitablement ce qui arrivera. James veut m'avoir pour les apparences, tout le monde nous verra ensemble.

Tout le monde nous verra ensemble.

Cette pensée me fait prendre conscience des conséquences de ma décision. Je vais fréquenter James Crown à la vue de tous. Même si ce n'est pas pour de vrai, il n'y aura que lui et moi qui saurons que ce n'est que de la poudre aux yeux.

Puis, je pense à ce prix à Paris, cette bourse pour Maddox, et je sais que je fais la seule chose possible.

— Il ne s'en prendra pas à moi. J'ai discuté avec lui et…

— Quoi ? T'as fait quoi ?

Maddox s'approche et saisit mes épaules comme s'il allait me brasser, mais il s'arrête avant de me brusquer.

— T'en fais pas. Il m'a rien fait. Il a même été charmant.

La mâchoire serrée de Maddox ne m'indique rien de bon.

— Il te trouve belle, c'était à prévoir. Le démon qui veut séduire l'ange, c'était tellement prévisible, j'aurais dû y penser !

— C'est pas ça du tout ! Fais-moi juste confiance, OK ? Peu importe ce qui arrive, rappelle-toi les mots que je te dis maintenant : tu dois me faire confiance et ne pas réagir.

Maddox fronce les sourcils et incline la tête. Je lis dans son regard qu'il n'aime pas du tout ce que je lui demande.

— Pourquoi est-ce que tu dis ça, Marie-Douce ? Ça sonne comme si t'allais faire quelque chose que j'aimerai pas.

Des bruits de pas dans le couloir s'approchent dangereusement de ma porte. Même si c'est la fin de semaine, il y a des surveillants partout. D'un geste brusque, je le force à se taire jusqu'à ce que la présence dans le corridor finisse par s'éloigner.

— Il faut que tu t'en ailles, t'as pas le droit d'être ici, dis-je en chuchotant.

— J'y vais, mais promets-moi de te méfier de James Crown.

— Je te promets que je vais m'en méfier, dis-je.

Maddox me fait un sourire inquiet avant de remettre son capuchon et de filer dans le couloir aux lumières tamisées.

Chapitre 31

Une réponse qui coûte cher

Xavier et moi avons mangé chez Martine en ce vendredi soir, dans le but d'aller ensuite chez les Cœur-de-Lion voir Corentin pour discuter de notre méga-problème. Nous avons besoin d'y voir plus clair.

Avec tout ce qui s'est produit aujourd'hui, je prends conscience que je n'ai même pas songé à attendre Marie-Douce à la maison de Vaudreuil-sur-le-Lac. Je suis une mauvaise sœur ! Ça fait cinq jours que je ne l'ai pas vue, en plus ! J'ai simplement texté à ma mère que j'allais souper chez Xavier avec Martine et bébé Fred et je n'ai pas pensé à Marie-Douce une seule seconde.

Miranda nous ouvre la porte et j'en profite pour lui demander si elle sait si Marie-Douce est arrivée chez ma mère et Hugo.

— Oh ! Marie-Douce… elle reste au collège pour la fin de semaine. Elle a des chorégraphies à perfectionner. Tu sais, arriver en milieu d'année nécessite un effort de rattrapage supplémentaire, m'explique-t-elle en balayant le sujet du revers de la main.

J'ai à peine le temps de comprendre que je ne verrai pas ma sœur cette semaine que Xavier interrompt mes pensées.

— Est-ce que Corentin est là ? demande-t-il d'une voix impatiente.

— Vous connaissez le chemin jusqu'à sa chambre, répond Miranda.

Corentin est devant son ordinateur, en plein jeu de guerre, son casque d'écoute équipé d'un micro sur la tête.

— Stargrrrl, je dois te laisser, j'ai de la visite.

— Finis ta partie, dis-je, on peut attendre.

— Non, laisse-toi tuer. C'est urgent.

Je lance un regard piteux à Xavier qui soupire brusquement. Son regard est si noir depuis les dernières heures, j'ai l'impression qu'il va éclater d'une seconde à l'autre.

— Okééé ! C'est fait ! dit Corentin en faisant tourner son fauteuil à roulettes vers nous.

— Merci, dit Xavier en se laissant tomber sur le divan double.

Je m'assois à côté de lui, mais je n'ose pas le toucher. Je me sens engourdie de la tête aux pieds. J'essaie tant bien que mal de contrôler ma respiration pour ne pas pleurer.

— Alors, vous deux ! J'ai cru comprendre qu'il y a de la pluie dans votre ciel bleu ?

— Laisse faire les métaphores, *man*, grince Xavier.

— Désolé. Le potin qui circule me perturbe tout autant que vous. J'ai fini par l'apprendre de la bouche de plusieurs personnes, c'était inévitable. J'imagine que ç'a fait le tour de l'école au complet. Je ne sais pas quoi vous dire. As-tu demandé à Élise si c'était possible ? Je veux dire… elle est impliquée, elle pourrait confirmer ou infirmer la rumeur…

Xavier ferme les yeux quelques secondes en expirant longuement.

— Évidemment, qu'est-ce que tu crois ? La première chose que j'ai faite dès que j'ai su ce qu'on disait à notre sujet, c'est d'appeler ma mère. J'ai dû me contenter de lui laisser un foutu message sur sa boîte vocale. Ce qui m'écœure vraiment, c'est que, récemment, j'essayais par tous les moyens d'éviter tout contact avec elle. Si j'attire son attention, elle voudra en profiter pour me convaincre d'aller vivre chez son nouveau chum à Gatineau. La dernière fois que je lui ai parlé, elle avait l'idée de former une vraie famille avec son psychologue.

Corentin frotte sa joue en soupirant.

— Mec, c'est pas d'chance, mais t'as pas le choix, il faut vraiment lui parler. La première question qui s'impose est la suivante : est-ce que Daniel connaissait Élise, il y a seize ans ?

Xavier grimace, mais finit par acquiescer de la tête.

— Mon père et le père de Laura se connaissaient depuis l'adolescence. Quand mon p… Stéphane a connu ma mère, je pense que Daniel la connaissait déjà. Donc, techniquement, c'est pas impossible.

Plus Xavier parle, plus je me sens mourir à petit feu. Les larmes que je retenais se mettent à couler sur mes joues. J'essaie de cacher mon visage avec mes cheveux pour ne pas montrer ma panique à Xavier, mais il voit tout. Il approche sa main de la mienne, mais la retire aussitôt, comme si me toucher allait le brûler. Je vois très bien dans ses yeux noirs toute la douleur qu'il ressent. Ça ne m'aide pas à être forte.

Pensif, Corentin croise les bras sur sa poitrine et se laisse choir contre le dossier de son fauteuil.

— Est-ce que Kim savait ces détails-là sur le passé de vos parents ?

— Oui. Kim n'en manque pas une. Elle connaît une bonne partie de ma vie. C'est la sœur de Maddox, on n'a pas beaucoup de secrets. Daniel et Stéphane étaient de bons amis. Kim a pu entendre leurs histoires de jeunesse.

— Est-ce que Kim a tendance à mentir ? demande Corentin.

— Je ne peux pas dire qu'elle soit toujours honnête. Elle arrange souvent les histoires à son avantage ou pour servir ses projets, dit Xavier.

— Elle a donc pu inventer cette histoire de toutes pièces, suppose Corentin.

Xavier fait un mouvement d'impatience, se recalant brusquement sur le coussin du canapé.

— Si elle a fait ça, c'est vraiment, VRAIMENT pas correct, grogne-t-il.

Le regard bleu de Corentin passe de Xavier à moi. Il me fixe en haussant les sourcils, dans l'attente d'une réponse de ma part.

— J'ai tellement peur que ça soit vrai…

Corentin nous dévisage l'un et l'autre en silence. Cherche-t-il à trouver des similarités physiques entre nous ? Je ressemble davantage à ma mère qu'à Daniel. Je n'ai jamais vu Stéphane Masson, mais j'ai vu Élise et Xavier a hérité de ses yeux bruns.

— Quoi ? Est-ce qu'on a un air de famille ? dis-je d'une petite voix craintive.

— Laura ! Arrête ça, c'est trop *creepy* ! s'exclame Xavier, hors de lui.

— En attendant de parler à Élise ou à Daniel pour éclaircir la situation, vérifier si vous avez des traits semblables est la première chose à faire, dit Corentin.

Il semble si professionnel ! Je suis certaine qu'il sera soit avocat ou inspecteur quand il sera adulte.

— Donnez-moi vos mains, nous ordonne-t-il soudain.

Je lui tends ma main droite. Xavier ne bouge pas. Il fixe Corentin comme si notre ami était fou.

— Allez, Xavier ! J'ai besoin de voir ta main droite.

— Tu veux lire notre avenir dans notre paume ? demande-t-il avec sarcasme.

— J'avoue que ce n'est pas très scientifique, mais je vais regarder si vos lignes sont semblables, si votre teint se ressemble, et voir si je peux trouver des détails qui trahiraient la moindre possibilité que vous soyez demi-frère et demi-sœur, explique Corentin sans se laisser démonter par l'attitude réticente de Xavier.

Ce dernier me consulte intensément du regard.

— Qu'est-ce qu'on a à perdre ? dis-je doucement.

À contrecœur, Xavier lui tend la main. Corentin saisit nos deux paumes qu'il place côte à côte. Puis, il place la sienne entre les deux nôtres.

— Une chose est sûre, dit-il après plusieurs secondes d'observation, ma main et la tienne, Laura, se ressemblent davantage que la tienne et celle de Xavier. S'il y avait un doute sur des liens génétiques, je mettrais mon argent sur toi et moi. Vos lignes sont très différentes.

Il retourne nos mains et colle nos avant-bras l'un contre l'autre.

— Vous n'avez même pas le même teint. Ta peau tire sur la couleur pêche et celle de Xavier, sur le café.

Corentin relâche nos poignets et nous considère du regard, comparant les traits de notre visage.

— Laura, tes oreilles sont plus décollées.

Par réflexe, je cache mes oreilles.

— Hé ! J'ai pas les oreilles décollées !

— Mais si ! Un peu… J'ai un autre test, dit Corentin. Est-ce que vous savez plier la langue comme *ça*…

Et il s'exécute, sortant sa langue pliée en deux.

— Facile…, dis-je en l'imitant. Je peux même la revirer des deux côtés, regarde !

— Et toi, Xavier ? demande Corentin.

Mon amoureux secoue la tête, agacé par la tournure de cette conversation.

— C'est n'importe quoi, Corentin ! J'ai pas envie de perdre mon temps avec des affaires aussi connes.

— C'est parce que, vois-tu, Xavier, le fait de pouvoir ou non plier la langue ou lever un seul sourcil, tous ces petits trucs bizarres, c'est programmé dans notre code génétique. Le fait que tu ne sois pas capable de faire les petites prouesses que Laura peut faire est un excellent signe !

Lorsque Xavier sort la langue et imite rapidement tous les mouvements que j'ai faits quelques minutes auparavant, l'angoisse me gagne.

— On a les mêmes gènes, dis-je d'une petite voix.

— On n'a pas les mêmes gènes, Laura ! Tout le monde que je connais peut faire ces trucs-là avec sa langue. Ça ne veut absolument rien dire ! s'énerve Xavier.

— Dis-moi, as-tu abordé le sujet de la rumeur avec Kim ? demande Corentin. Il faudrait lui demander d'où elle tient ses informations.

Xavier serre la mâchoire, maintenant réellement agacé.

— Non, j'ai peur de perdre mon sang froid. Si je ne me retenais pas, je l'étriperais ! Je suis sûr qu'elle a simplement utilisé les faits qu'elle connaît sur nos familles pour en tirer une histoire qui pourrait être plausible et nous faire le plus de torts possible. Quand j'ai cassé avec elle, elle a fait comme si ça ne la dérangeait pas. J'ai tout de suite su qu'elle me causerait des problèmes. Kim est excellente pour cacher ses émotions. Pour elle, la vengeance est un plat qui se mange froid.

Xavier se tourne vers moi qui suis une véritable boule de nerfs. Pour la première fois depuis qu'il m'a informée du potin, il saisit ma main qu'il serre dans la sienne.

— Arrête de t'inquiéter, Laura, dit-il avec conviction. Kim va payer pour avoir fait ça. Que ça soit vrai ou non. Si c'est vrai, elle aurait dû avoir assez de respect pour nous le dire en privé. Quoi qu'il en soit, je suis convaincu que tu ne peux pas être ma demi-sœur. Je ne me sentirais pas comme ça avec toi. C'est impossible.

— J'aimerais quand même en être sûre. On pourrait demander à ma mère, dis-je.

C'est Corentin qui intervient.

— Je ne crois pas que Nathalie vous aurait laissés vous rapprocher autant sous son nez si elle avait un doute quelconque que vous puissiez être frère et sœur.

— Bon point, admet Xavier.

— Il vous reste deux options, affirme Corentin.

— Lesquelles ? demande Xavier.

— La première : contacter Élise pour lui poser directement la question. Et la seconde : faire un test génétique.

— Faisons ça ! dis-je. Un test génétique ! C'est le truc avec la salive, j'ai vu ça sur YouTube en cherchant autre chose. On peut en commander un sur internet, tu crois ?

— Sûrement ! s'exclame Corentin.

Sans perdre une seconde, il se retourne vers son écran d'ordinateur et lance une recherche.

— Voilà, dit-il, j'ai trouvé !

— Génial ! dis-je en serrant les doigts de Xavier.

Corentin fait la lecture des informations et grimace.

— Euh… vous avez 300 $? demande-t-il.

— NON !

Nous avons répondu en même temps.

— Il ne te reste plus qu'à appeler ta mère, Xavier.

Ce dernier laisse tomber sa tête en signe de découragement.

— En effet…, murmure-t-il. Merde ! J'ai tellement pas envie de lui parler…

Chapitre 32

Une vérité difficile à avaler

Ma présence forcée au collège en ce beau samedi ne sera pas gaspillée. J'en profite pour utiliser la salle de danse et répéter les trois chorégraphies qui me donnent le plus de difficulté. Je suis ici à cause de James, mais il ne s'est pas encore manifesté. Je ne m'en plains aucunement et j'essaie même d'oublier son existence. J'ai un peu de mal à me concentrer parce que Maddox aussi pourrait apparaître à tout moment, juste pour me dire allô. Ce n'est pas que je ne souhaite pas le voir, au contraire, c'est seulement que je crains que James et Maddox se croisent devant moi. Si cela arrive, Maddox n'aura pas une bonne réaction. Je veux le protéger de James, mais surtout, de lui-même.

Une femme se matérialise dans mon champ de vision. Elle est sur le seuil de la porte, les bras croisés sur la poitrine. Je m'arrête brusquement, un peu essoufflée, pour voir qui c'est.

Madame Lessard esquisse un sourire sans joie, comme elle en a l'habitude. Moi qui avais eu l'impression qu'elle était rendue plus rieuse qu'auparavant !

— Bonjour Marie-Douce. C'est bon de voir à quel point tu es disciplinée.

— Merci. Est-ce que je peux vous aider pour quelque chose, madame Lessard ?

— Je voulais discuter avec toi à propos de James.

— Oh…

Me dira-t-elle de m'en méfier ? C'est sûrement pour ça qu'elle est là.

— Qu'il te pousse à réussir ton audition surprise n'est pas passé inaperçu. D'ailleurs, le conseil d'administration croit que ta présence est une bonne chose pour James.

Comme dirait Laura : HAN ?

— Quoi ?

— Oui, continue madame Lessard. Je leur ai fait savoir que tu étais une élève modèle et que ce serait une bonne idée si James sympathisait avec toi. Vois-tu, ce garçon a des troubles de comportement.

Pourquoi ne suis-je pas surprise d'entendre ça ?

— Avec le père qu'il a, je ne suis pas étonnée.

Je secoue la tête, une main sur mon front.

— Je suis désolée d'avoir dit ça. C'était plus fort que moi.

— Tu n'as pas tort, Marie-Douce. Je crois que sa relation avec son père est un peu… difficile, en effet. Monsieur Crown nous a donné le mandat de faire tout ce qui est en notre pouvoir pour offrir à son fils les meilleures influences possible, même si nous devons pour cela dévier des façons traditionnelles.

Madame Lessard regarde ailleurs, s'offrant un moment de silence pour, semble-t-il, trouver ses mots. Et moi, j'attends, retenant mon souffle, qu'elle finisse de parler.

— Je dois te faire une grande confession, Marie-Douce, lâche-t-elle.

Oh, non… Une confession, c'est souvent une mauvaise nouvelle. Je ravale ma salive tout en gardant le silence. Évidemment, mon cœur cherche à sortir de ma gorge.

— Ta venue au collège de la Tourelle n'est pas un hasard.

Hein ?

— Qu'est-ce que vous voulez dire par là ? Ma mère a trouvé un dépliant publicitaire du collège sur son pare-brise et…

Le regard lourd de signification de madame Lessard me rend si nerveuse que j'en oublie de terminer ma phrase.

— J'ai donné ce dépliant à ta mère en mains propres. Je lui ai expliqué la situation et elle a fait le reste.

— Quelle situation ? Pourquoi est-ce que vous me dites ça maintenant ?

Je suis si proche de la crise de nerfs que je hurle presque. Je sens que madame Lessard ne me présente que le sommet de l'iceberg.

— Parce que tu es une fille sensée. Et puisque tu es déjà impliquée avec James, il est temps que tu connaisses les faits.

— Les faits ? dis-je d'une voix scandalisée.

C'est fou comme cette femme a des yeux et des oreilles partout !

Madame Lessard pince les lèvres et hésite avant de continuer.

— Je n'aurais peut-être pas dû te révéler ça… C'est peut-être trop tôt, dit-elle.

— Je dirais plutôt que maintenant, c'est franchement trop tard pour reculer. Je veux tout savoir.

— D'accord, fait madame Lessard. Je t'avertis, tu n'aimeras peut-être pas ce que je vais te dire, mais tu en sortiras gagnante, fais-moi confiance, Marie-Douce.

— Confiance…

Ma voix est un murmure incrédule alors que mes bras tombent, mous comme de la guenille, de chaque côté de mon corps.

— C'est pour ton bien, crois-moi, dit-elle. Voici donc l'histoire courte : James est entré au collège de la Tourelle l'an dernier. Il était renfermé, rebelle et ne participait à rien. Finalement, ce sont les cours d'art dramatique qui l'ont sorti de son marasme. Jamais on a vu un élève se révéler aussi excellent dès ses premières lectures. Je t'épargne les détails et je saute tout de suite à cette année. Malgré son intérêt pour la mise en scène et son talent d'acteur, James reste imprévisible et inquiète ses parents. Son père nous a demandé de trouver un moyen de… comment dire ? De le faire sortir de sa coquille. C'est une tâche qui s'avère plus difficile que prévu. James est un garçon d'une intelligence peu commune et il est clair qu'il cache de grands secrets.

— Il a besoin d'un psy, dis-je.

Madame Lessard acquiesce de la tête.

— Il en a eu trois. Ils ont tous abandonné. James se moquait d'eux.

— Je ne comprends pas ce que j'ai à voir dans tout ça, dis-je, exaspérée.

— D'accord, j'omets une grande partie de l'histoire et j'en arrive à ce qui te concerne. Ta présence ici, c'est mon idée. Tu as toujours été, à ma connaissance, une fille exemplaire en plus d'avoir beaucoup de talent en danse. En tant que directrice du collège, j'ai eu l'occasion de discuter avec la mère de James et je lui ai parlé de toi. Je lui ai montré ton entrevue à *Deux curieuses le matin* à la suite de la photo virale de Cendrillon. Madame Crown a été enchantée par ton… pedigree. En présentant une fille comme toi à James…

— Ça veut dire quoi, une fille comme moi ?

— Douce, désintéressée et intelligente, entre autres.

— Mais vous ne m'avez pas présentée à James ! Je suis tombée sur lui par accident !

Madame Lessard me sourit.

— J'avoue que ce fut un vrai coup de chance. Si ce n'était pas arrivé, j'allais vous présenter officiellement l'un à l'autre.

— Alors, si je comprends bien, vous et ma mère... vous m'avez lancée dans la gueule du loup !

— James est un bon parti.

Je me retourne au son de la voix de ma mère. Je ne rêve pas, Miranda est là ! C'est comme si elle attendait un signal pour entrer en scène.

— Miranda ! Qu'est-ce que tu fais là ? Non, dis-je en secouant la tête. La bonne question, c'est plutôt : qu'est-ce que tu m'as fait ?

Ma mère, coiffée parfaitement, comme toujours, agite ses nouveaux faux-cils. Ils ont au moins l'air naturels, je dois lui accorder ça.

— C'est pour ton bien ! Un garçon comme James te mettra sous les projecteurs. C'est parfait !

Je dois avoir la bouche ouverte tellement je suis éberluée. Ma mère est encore plus cinglée que je le croyais. Pourquoi suis-je surprise ? N'avait-elle pas exactement le même dessein en tête avec Lucien, en essayant de forcer les choses entre nous ? Elle rêve que sa fille devienne une star. Elle ne m'écoute pas et je prends conscience, là, maintenant, que Miranda ne m'a jamais écoutée.

— Je n'ai jamais aspiré à être une vedette, maman.

Madame Lessard s'avance vers moi et me gratifie d'un sourire bienveillant.

— Ma chère Marie-Douce. J'œuvre dans le domaine depuis plus de trente ans. Durant toutes ces années, j'ai vu bien des artistes. Il y a ceux qui se battent pour réussir à se faire remarquer et ceux qui brillent sans même essayer. Tu fais partie de la seconde catégorie. Tu es née pour briller, que tu le veuilles ou non.

— Tu vois ? fait ma mère d'une voix joyeuse. Moi, je l'ai toujours su.

Elle exagère ! Jusqu'à ce que Georges et Biche mettent le grappin sur moi, j'étais transparente. Personne ne me voyait, pas même ma propre mère.

— C'est n'importe quoi, dis-je en roulant les yeux.

Je me sens prise au piège par ces deux femmes qui, visiblement, sont complices depuis le début. Madame Lessard a bien caché son jeu. Je suis trop abasourdie pour ajouter quoi que ce soit. Chaque cellule de mon cerveau est tellement concentrée à assimiler toute l'information qu'on vient de me balancer que je n'ai même plus la force de protester. Lorsque ma mère prend la parole, c'est comme si sa voix venait de l'autre bout du couloir plutôt que de la porte du local de danse.

— Puisque tout ça est réglé, je vais te conduire chez le coiffeur. Tout de suite, m'annonce-t-elle en consultant sa montre-bracelet.

— Pourquoi ?

— Ce soir, tu accompagnes James à un souper-bénéfice pour l'Hôpital Bons-Enfants. Il y aura une vente aux enchères ainsi qu'un cocktail. Sa mère y sera, elle fait partie des organisateurs de l'événement.

Allez ! Nous n'avons pas une minute à perdre. Je t'ai apporté la tenue parfaite !

— Ahhh…

C'est vrai… le banquet ! Chaque petite parcelle de courage que j'avais réussi à accumuler jusqu'ici disparaît d'un coup.

Au secours !

Chapitre 33

La promesse

La mère de Xavier a refusé de répondre à sa question au téléphone. Xavier a raccroché et presque lancé son cellulaire sur le mur. Je l'en ai empêché de justesse.

La réaction d'Élise lorsque son fils lui a demandé s'il était possible que Daniel St-Amour soit son père biologique est la pire que nous pouvions imaginer. J'espérais qu'elle éclate de rire devant le ridicule d'une demande pareille, mais ça ne semble pas avoir été le cas.

— Elle a dit quoi, exactement ?

Xavier s'assoit sur son lit, ses poings serrés sur ses genoux, son visage rouge de colère.

— Qu'elle voulait me parler en personne.

— Oh, mon Dieu ! C'est inquiétant !

Xavier glisse brusquement ses doigts dans ses cheveux presque noirs. J'ai peur qu'il s'arrache des mèches.

— J'ai pas envie de la voir. Elle a toujours été comme ça. Elle saute sur toutes les occasions pour m'attirer dans son chaos.

Attristée de le voir dans cet état, je m'approche pour entourer ses épaules de mes bras et coller ma joue à la sienne. Depuis qu'il est « possible » qu'on soit frère et sœur, nous n'osons plus nous embrasser sur la bouche. C'est atroce, la douleur que ça me cause. J'ai envie d'assommer Kim Buteau pour ce qu'elle nous a fait. D'un autre côté, si tout ceci s'avère être la vérité, il est préférable de le savoir tout de suite.

Argh ! Je ne peux pas croire que j'en suis venue à considérer que la rumeur puisse être vraie.

— Laura, si jamais c'est vrai, ça veut dire qu'on ne pourra jamais… jamais…

— Shhhh, dis rien, OK ? Jamais, c'est un mot qui fait trop peur.

Il saisit ma taille pour m'attirer à lui.

— Laura, je veux juste te dire une chose, OK ? Une affaire importante que tu ne dois jamais oublier, murmure-t-il dans mon oreille.

— Quoi…

— Si jamais c'est vrai, si je suis vraiment ton demi-frère…

— Arrête de dire ça !

Il me serre encore plus fort, j'ai presque du mal à respirer.

— Laisse-moi dire ce que j'ai sur le cœur, Laura.

— OK…

— Si on est vraiment destinés à vivre comme une famille, je serai le meilleur demi-frère que tu ne pourras jamais avoir. Personne ne te fera de mal avant de m'avoir passé sur le corps. Est-ce que tu m'entends bien ?

— Oui, Xavier…, dis-je en pleurant encore. Je t'ai bien entendu. Si… t'es mon grand frère… je serai toujours là pour toi, moi aussi.

Nous nous tenons comme si un tsunami menaçait de nous séparer. Mes larmes mouillent son chandail et je l'entends renifler en prenant une grande inspiration. Il pleure, lui aussi. Il met fin à son aparté et reprend sur le sujet d'Élise.

— La voix de ma mère était trop bizarre. Et… j'ai pensé à autre chose.

— Quoi ?

— Je n'ai pas voulu t'en parler avant. Je pensais que c'était pas nécessaire et pour être honnête, ça me fâchait trop. Mais là, je pense que tu dois le savoir, Laura.

Xavier ne parle jamais avec ce genre d'hésitation. Il m'inquiète.

— Savoir quoi ? *Oh my God,* Xavier, tu vas me rendre folle !

Il hésite et plus il prend son temps, plus mon angoisse grandit.

— Quand je suis allé te voir à l'hôpital, je t'ai dit que ton père et moi, on s'était promis des choses…

— Oui… Tu ne m'as jamais dit quoi…

— Il m'a promis de ne jamais me laisser tomber tant qu'il serait vivant. Et moi, je lui ai promis de prendre soin de toi… et de ne pas sortir avec toi.

Ouch !

Je cligne des yeux. Juste avant de m'embrasser pour la première fois, il a dit qu'il décevrait mon père. J'étais si heureuse que le mur entre Xavier et moi s'effondre que je n'ai pas trop porté attention à ce petit commentaire. Maintenant que nous en parlons, j'ai un goût amer qui monte dans ma bouche.

— Il t'a demandé clairement de ne pas sortir avec moi ?

— Oui… mais avec des arguments qui n'étaient pas très convaincants, dit Xavier.

— Comme quoi ?

— Que j'étais trop vieux pour toi, que j'avais vécu trop d'affaires dures que tu ne pourrais pas comprendre. Des trucs du genre… jamais rien de très valable, mais je l'écoutais parce que je lui devais tellement ! J'ai jamais pensé qu'il aurait pu me demander de ne pas te toucher parce qu'il pourrait être mon père biologique ! Ça expliquerait pourquoi il s'est tant occupé de moi !

— Mais comment expliquerais-tu qu'il paye le collège privé de Maddox ? Il serait son père à lui aussi ?

Xavier frotte son visage vigoureusement jusqu'à faire rougir sa peau.

— Je ne sais pas. J'essaie juste de rassembler les pièces du puzzle.

Pour la première fois depuis que je le connais, je sens Xavier fragile, vulnérable. Même si j'ai le cœur en miettes, je dois être forte pour nous deux. Tout n'est pas encore perdu tant que la vérité n'est pas connue !

— OK, soyons pragmatiques, dis-je d'un ton décidé. Quels indices a-t-on pour croire que Daniel est ton père biologique ? Le fait qu'il s'est occupé de toi après la mort de Stéphane et qu'il ne voulait pas qu'on sorte ensemble, la réaction de ta mère, la façon dont on peut tous les deux plier notre langue... C'est pas une liste très convaincante, si tu veux mon avis.

Nous sommes chez ma mère et Hugo. La porte d'entrée s'ouvre sur un coup de vent glacial. Hugo et maman entrent avec des paquets. On dirait qu'ils ont dévalisé les magasins !

— Bonne fête, ma pitoune ! s'exclame ma mère. J'espérais que tu sois ici quand on arriverait. Je voulais emballer tes cadeaux, mais je suis trop impatiente de te les donner.

Xavier saisit ma main pour que je me retourne vers lui.

— Je ne savais même pas que c'était ta fête ! Pourquoi est-ce que tu ne me l'as pas dit ?

Je hausse les épaules.

— Euh... je me voyais mal me déguiser en femme-sandwich pour annoncer mon anniversaire à la planète entière.

Ma mère s'arrête devant nous en retirant son manteau. L'un après l'autre, elle nous scrute comme si elle avait perçu notre détresse.

— Il se passe quelque chose d'inquiétant ici, dit-elle.

— Pourquoi est-ce que tu dis ça, Nathalie ? demande Hugo derrière elle.

— Premier indice: Laura n'a pas couru pour voir ses cadeaux. Et puis, regarde-les, tous les deux. Ils sont blêmes et Xavier est tout crispé.

— Est-ce qu'on a failli vous surprendre dans une position compromettante? demande Hugo.

— Non! C'est rien. On est juste fatigués, je pense.

— Il faudrait que tu sois fatiguée en joual vert pour ne pas sauter sur nos sacs alors que tu sais que ce sont tes cadeaux de fête, proteste ma mère.

Ah! Ces mères, ça sait toujours tout!

— Je vais y aller..., dit Xavier en se levant du divan.

— Tu ne restes pas pour la fête de Laura? demande ma mère.

— Je vais revenir pour souper, marmonne Xavier.

Il semble avoir beaucoup de difficulté à parler, comme s'il allait vomir.

— Il fait -20°C dehors, Xavier. Laisse-moi te reconduire chez Martine.

— Ma mère s'en vient dans quelques minutes, juste le temps de mettre mon manteau et mes bottes. On a quelque chose de prévu. Mais je reviens dès que j'ai fini avec elle.

Hugo et ma mère sourcillent, tous les deux surpris d'entendre parler d'Élise.

— Est-ce que tout va bien, Xavier? demande maman, visiblement inquiète.

Xavier ne fait que forcer un sourire en saisissant son foulard et sa tuque. Une fois habillé, il ne m'embrasse pas comme d'habitude avant de sortir.

Une fois seule avec les adultes, j'éclate en sanglots.

— Qu'est-ce qu'il y a, Laura ? Parle-nous !

— Maman ! C'est la fin du monde !

Bonne fête à moi…

Et où est donc Marie-Douce ? A-t-elle oublié mon anniversaire ?

Chapitre 34

Un oubli impardonnable

La coiffeuse m'a coiffée. C'est tout ce que je peux dire.

J'ai l'impression d'être en train d'oublier quelque chose de majeur, mais je n'arrive pas à savoir quoi. C'est vraiment angoissant. Je suis un peu comme une somnambule. Sur le chemin du retour vers le collège, ma mère papote à propos de ce que je porterai pour le banquet. Je me fiche un peu de ce qu'elle a choisi dans ma garde-robe, tant que je n'ai pas l'air de vouloir séduire James. Au fait, je ne l'ai pas encore vu, lui. Ce que j'ai vu, par contre, c'est une limousine blanche devant l'entrée de l'établissement et deux hommes vêtus de noir portant des oreillettes Bluetooth et des lunettes de soleil. Ce qu'ils revêtent avec le plus de style, c'est leur air sérieux, voire sévère. Je devine facilement qu'il s'agit de gardes du corps. Dès que je descends de la voiture, Miranda leur fait signe. Les deux gaillards s'approchent et me guident vers la limousine. Ma mère me tend une housse dans laquelle se trouve vraisemblablement ma robe.

— Ma puce, c'est excitant ce qui t'arrive, murmure-t-elle à mon oreille.

J'ignore délibérément son commentaire insipide.

— Est-ce que je dois me changer dans la limousine ?

— Oui ! Vite, avant que James arrive !

Une chance que je suis hyper flexible parce qu'enfiler une robe dans une voiture, même s'il s'agit d'une limousine, c'est du sport. Le plus compliqué, c'est toujours les bas de nylon qui se boudinent en un motton difficile à défaire.

Au bout d'une dizaine de minutes, et avec un peu d'aide de ma mère, je suis prête. J'ai même chaussé mes bottes noires et remis mon manteau. J'allais mettre ma tuque – il fait -20 °C –, mais Miranda l'a interceptée.

— Es-tu folle ? Tu vas gâcher ta coiffure !

— C'est mon trimestre que je vais gâcher si je tombe malade !

— Arrête de dire des niaiseries. C'est pas un petit rhume qui va t'empêcher de réussir tes cours. Allez, je te laisse ! Ton nouvel ami s'en vient. Bisous !

Elle me fait la bise sans toucher ma joue. Ça me fait penser à Laura parce que les *air kisses* de Miranda la font bien rire.

Laura… Je m'ennuie de ma sœur. Ça fait presque une semaine que je ne l'ai pas vue.

Soudain, un flash horrible traverse mon esprit.

— Maman ! Attends une minute ! Quelle date on est ?

— Samedi, dit-elle.

— Non, la date !

— Le 16 janvier. Marie-Douce, pourquoi tu blêmis tout à coup ?

— Oh, non ! C'est l'anniversaire de Laura, maman ! Je l'ai complètement OUBLIÉ !!!!

Ma mère lève les sourcils, davantage agacée que paniquée.

Mon cœur bat à tout rompre, je me sens comme… comme… une ordure !

— T'en fais pas pour Laura. C'est une grande fille, elle comprendra. Oh ! Voilà le beau James ! Je te laisse !

Chapitre 35

Une petite lumière

Ma mère et Hugo sont atterrés… surtout ma mère. Je ne l'ai jamais vue aussi blême. Tous les deux côte à côte sur le sofa, ils sont sans voix. Je leur ai tout raconté. La rumeur selon laquelle mon père serait aussi celui de Xavier, nos déductions avec la langue qui plie, l'attention spéciale de Daniel pour Xavier, ses réticences à le laisser me courtiser, mais surtout, la réaction d'Élise lorsque Xavier lui a carrément posé la question.

J'espérais que maman puisse me rassurer, et surtout qu'elle en saurait davantage puisqu'elle a connu mon père durant cette période. Xavier n'a qu'un an et demi de plus que moi. Ce n'est pas très long. Au lieu de me dire ce que je veux entendre – que c'est impossible ! –, ma mère prend de longues secondes avant de parler.

— Nathalie, est-ce que ça va ? finit par demander Hugo.

— Excusez-moi, je suis un peu en état de choc. Si cette histoire est vraie… si je l'avais su avant… j'aurais pas… j'aurais pas… Oh, mon Dieu !

Est-ce qu'elle est en train de dire qu'elle ne m'aurait pas eue ?

— Mais maman, c'est sûrement pas vrai. Il ne faut pas que ça le soit ! Essaie de te rappeler, cherche dans tes souvenirs, s'il te plaît, c'est super important. Est-ce que c'est mathématiquement possible que papa ait…

euh… été avec Élise… euh… à ce moment-là ? Bon, tu sais ce que je veux dire !

Ma mère fixe le plafond quelques instants, comme si les réponses s'y trouvaient. Puis, après avoir expiré, elle se met à parler.

— Nous avons tous fréquenté les mêmes écoles, autant au primaire qu'au secondaire, Stéphane, Daniel, Élise et moi. Élise avait trois ans de plus que moi donc je ne la connaissais pas beaucoup. Et Daniel et Stéphane étaient plus âgés de cinq ans. C'est immense quand on est jeunes. Je ne connaissais Daniel que de loin parce que j'étais amie avec sa cousine, Stéphanie. De toute façon, plusieurs années se sont écoulées avant qu'on se recroise. Daniel est entré dans l'armée et moi, je suis allée au cégep, puis à l'université.

— Mais tu m'as déjà dit avoir connu papa dans une soirée et que ç'avait été le coup de foudre.

Ma mère hoche lentement la tête, toute à ses souvenirs.

— Moi je l'avais reconnu, mais lui ne savait pas qui j'étais. Pour lui, j'étais un bébé quand nous étions plus jeunes.

Ça fait bizarre d'entendre ces histoires de leur jeune temps. Je me rends compte que j'en sais bien peu sur le passé de mes parents. Je n'ai jamais posé de questions précises. Tout ce que j'ai toujours su, c'est que je suis née vraiment pas longtemps après leur rencontre.

— Je suis née combien de temps après votre première rencontre, maman ?

Elle lance un regard de biais à Hugo en rougissant un peu. Ce dernier lui serre le genou, comme pour l'encourager à parler librement.

— Neuf mois pile, marmonne-t-elle.

— MAMAN ! Je suis scandalisée ! Comment ça se fait que je ne savais pas ça ?

— Peut-être parce que j'ai toujours détourné tes questions sur le sujet assez habilement ? répond-elle avec un petit sourire triste.

— Est-ce qu'il t'a déjà dit s'il avait fréquenté Élise avant de te connaître ?

Ma mère secoue la tête avec énergie.

— Non. Si j'avais eu le moindre doute que ça soit arrivé, je ne vous aurais pas laissé tomber amoureux, Xavier et toi. Je vous en aurais parlé bien avant, Laura.

— C'est sûr… Mais si tu cherches dans ta mémoire… Est-ce qu'Élise l'a déjà regardé bizarrement, ou fait des commentaires qui donneraient des indices ?

— On ne fréquentait pas Élise. Je ne l'ai pas revue depuis qu'on était au primaire. Ton père et Stéphane étaient de grands chums, mais on ne faisait pas des sorties à quatre.

— Ça ne m'aide pas à en savoir plus, dis-je en me frottant les joues de la même façon que Xavier le fait souvent quand il est énervé.

— Quand Xavier a été conçu, je n'avais pas vu ton père depuis de longues années, alors je n'en ai aucune idée, malheureusement.

Hugo, qui nous écoute depuis de longues minutes, consulte l'heure sur son iPhone.

— Il faudrait parler à Élise, dit-il. C'est sérieux, cette histoire. Il me semble que Xavier aurait déjà dû être de retour. Il a dit qu'il en avait pas pour longtemps avec sa mère.

— Je dois parler à Martine, aussi. Peut-être que Daniel lui a dit quelque chose concernant Xavier. Elle l'héberge et s'occupe de lui comme d'un fils, après tout.

— T'as raison, Nathalie. Elle doit en savoir plus que nous.

Le téléphone de ma mère vibre et fait un *ding* ! sûrement pour l'aviser de la réception d'un texto. Elle saisit presque nerveusement son cellulaire qu'elle avait laissé sur la table à café.

— Justement ! Comme on parle du loup ! C'est un message de Martine, dit-elle. Xavier est passé chercher son sac et est reparti avec Élise.

— Han ! Pourquoi ?

— Attends, je vais l'appeler.

Le téléphone sur mains libres, nous patientons pendant que la sonnerie se fait entendre. Puis, la voix énervée de Martine s'élève dans le salon.

— Allô ! Il vient de partir ! s'exclame-t-elle sans plus de cérémonie.

— Qu'est-ce qu'il a dit ? demande Hugo avec urgence.

— Il pleurait ! J'ai rien compris… Il a dit qu'il avait pas le choix de partir avec sa mère !

Hugo se lève et fait les cent pas en se grattant la tête. J'ai remarqué qu'il fait ça quand il est énervé. Il n'écoute plus personne, tout concentré qu'il est à réfléchir. Ma mère prend une grande inspiration, et entame les longues explications concernant les ragots qui courent au sujet de Xavier et moi. Elle demande finalement à Martine si Daniel aurait déjà mentionné quelque chose à ce sujet. Au bout de la ligne, Martine semble complètement soufflée par ce qu'elle vient d'entendre.

— Non, jamais ! s'exclame cette dernière. J'ai connu Stéphane quelques mois avant sa mort et Xavier me fait tellement penser à lui que je serais très étonnée que cette rumeur soit vraie.

— Vraiment ? dis-je avec une voix désespérée.

— Vraiment, ma belle Laura.

Enfin, pour la première fois depuis des jours, mon cœur s'allège. Trop d'éléments s'accumulaient pour confirmer la mauvaise nouvelle. Le témoignage de

Martine, le ton assuré de sa voix et ses mots fermes me font un peu de bien. Tout n'est pas encore gagné, mais je vois une petite lumière au bout du tunnel.

Hugo – qui n'a écouté le dernier échange entre ma mère, Martine et moi que d'une oreille tellement il est ébranlé – lance malgré tout un sacre que je n'ai pas le droit de répéter sous peine de finir dans ma chambre pour longtemps.

— J'aimerais bien lui dire deux mots, à cette Élise, marmonne-t-il.

— Je sais où elle habite, dis-je.

— Allons-y, maugrée Hugo.

— Ça ne sert à rien, Laura. Il a mentionné Gatineau, fait la voix de Martine, venant du haut-parleur du cellulaire de ma mère.

Hugo sacre de nouveau, cette fois encore plus fort. Je saisis à mon tour mon cellulaire et écris à toute vitesse à Xavier.

Moi
Qu'est-ce qui se passe ?

Xavier
C'est pas clair... mais je dois partir. Je suis désolé.

Moi
Est-ce que ta mère a répondu à la question ?

J'attends la réponse de Xavier pendant plusieurs secondes, le cœur battant, et les mains tremblantes, mais elle ne vient pas. Est-ce qu'il m'ignore volontairement parce que la réponse est trop horrible ? Ou a-t-il été dérangé ? Zut !

Mon iPhone est encore dans mes mains lorsque le numéro de Marie-Douce apparaît à l'écran avec sa photo. Je tape l'écran du bout du doigt pour répondre et elle ne me laisse pas le temps de parler.

— Allô, Laura ! Oh, mon Dieu ! Je suis la PIRE sœur au monde ! J'ai eu un contretemps, quelque chose que je ne peux pas éviter. Bonne fête, bonne fête, bonne fête !

J'ouvre la bouche pour parler, mais je suis incapable de passer par-dessus le sanglot qui monte dans ma gorge. Entendre la voix de ma sœur fait ressortir toutes les émotions que j'essayais de contrôler. Mes larmes jaillissent sur mes joues comme un torrent.

— Maaaa-aaa-riiieee-Douuuuu-ceeeeee ! Je veux mou-ou-ou-riiir…

Chapitre 36

Ma sœur a besoin de moi !

James me rejoint dans la limousine. Je trouve qu'il ressemble un peu à son homonyme d'un autre temps : James Dean. Avec ses cheveux en broussaille étudiée, son air de dire « je me fous de vous tous » et sa posture nonchalante, il a tout du fils à papa mal élevé. C'est difficile de deviner ce que ce jeune homme a vécu depuis qu'il est enfant. A-t-il été laissé à des nourrices depuis sa naissance ? Est-ce qu'il a une bonne relation avec sa mère ? Son père ? Pour le découvrir, il faudrait d'abord que je lui pose toutes ces questions. Mais nous n'aurons pas ce genre de relation. Oh que non ! Mon but, c'est de l'accompagner dans quelques sorties et de m'en détacher au plus vite.

— Pourquoi ils t'ont coiffée comme une vieille dame ? lance-t-il pour toute salutation.

Je touche mes boucles du bout des doigts.

— Ah… Je ne sais pas.

— Tu t'es pas regardée ? demande-t-il.

Il est assis dos au chauffeur sur le siège le plus éloigné du mien, en diagonale. J'apprécie cette distance.

— Je m'en fichais pas mal, pour être très honnête, James.

Il me dévisage longtemps, presque une minute complète.

— J'ai un appel important à faire, finis-je par dire en sortant mon iPhone de mon sac à main.

James se contente de regarder dehors sans ajouter un seul mot. J'en profite pour trouver le nouveau numéro de Laura dans mes contacts. Même si je sais que c'est inutile, je me retourne vers la vitre comme si je risquais moins d'être entendue de James en étant positionnée de cette façon.

— Allô, Laura ! Oh, mon Dieu ! Je suis la PIRE sœur au monde ! J'ai eu un contretemps, quelque chose que je ne peux pas éviter ! Bonne fête, bonne fête, bonne fête !

J'entends Laura respirer, mais sa voix tarde à se faire entendre.

— Laura ? Est-ce que ça va ?

Encore un long silence, puis ses mots me glacent le sang :

— Maaaa-aaa-riiieee-Douuuuu-ceeeeee ! Je veux mou-ou-ou-riiir…

— Pourquoi est-ce que tu pleures ?

Des voix en arrière-plan semblent indiquer que quelque chose de vraiment inquiétant est en train de se tramer à la maison. J'entends papa sacrer et Nathalie lui dire de se calmer.

— Passe ton téléphone à ta mère, Laura. Je pense que t'es pas en état de m'expliquer la situation.

Lorsque Nathalie est sur la ligne, elle m'explique l'histoire. Laura et Xavier sont peut-être tous les deux les enfants biologiques de Daniel St-Amour. Je suis sans voix. Et même si nous sommes à des kilomètres de distance, je ressens la douleur de Laura. Xavier, pour ma sœur, c'est un prince. SON prince. C'est la pire nouvelle. Mon cœur se serre pour eux et je regrette encore plus de ne pas être là pour la soutenir.

— Oh, mon Dieu ! C'est horrible, Nathalie ! Je devrais être avec elle. Je vais trouver une façon de me libérer.

— Ton père propose de venir te chercher, dit-elle.

— OK, je vais vous rappeler dès que je le peux. Bye !

De son siège à environ un mètre de moi, James secoue la tête en souriant.

— Tu crois pouvoir te sauver, hein ?

— Il le faut, j'ai une urgence.

Il me lance un regard grave.

— Si c'était aussi simple de se libérer de leur emprise, tu crois que je serais ici avec toi ?

— Quoi… tu veux dire que… t'es comme… prisonnier de tes parents ? Et que là, je le suis aussi ? dis-je d'une voix paniquée.

Il faut que j'aille voir ma sœur ! Il le faut ! ! ! !

Il émet un rire sec, presque dédaigneux.

— Pas tant de mes parents, mais de mon identité. Je suis le fils de Reynald Crown. Le niveau de sécurité autour de moi a décuplé depuis que mon père est un sérieux candidat pour les prochaines élections.

Beaucoup, beaucoup de monde le déteste et beaucoup l'adorent. Mais tu regardes les nouvelles : t'es pas complètement ignorante, tu sais de quoi je parle, hein, douce Marie ?

— James, je comprends ta situation, vraiment ! Mais là, j'ai vraiment une urgence.

— Est-ce qu'elle saigne ?

— Hein ?

— Ton urgence, est-ce qu'il y a du sang, des morts ?

— Quoi ? Non, mais...

— Est-ce que quelqu'un est en train de s'étouffer avec un morceau de viande ?

— Non ! Arrête ! Ma sœur a eu une très mauvaise nouvelle et je veux être là pour la soutenir !

— J'ai besoin de ton soutien encore plus, rétorque-t-il d'une voix dangereusement calme.

— Mais, toi, t'es ni mon frère, ni mon ami ! T'es rien pour moi !

Il grimace, puis lève une main pour repousser sa frange de son visage et je remarque qu'elle tremble. Nos regards se croisent et il baisse son bras rapidement, comme si je l'avais surpris à faire quelque chose de louche. Bizarre...

— Si j'étais toi, je ferais attention à ce que je dis, fait-il sèchement.

— Je suis désolée, mais je ne fais que dire la vérité, James. Toi qui es capable de tout, tu peux certainement faire en sorte que je puisse aller à Vaudreuil-Dorion dans les plus brefs délais.

James me considère quelques secondes avant de secouer la tête.

— OK, faisons ceci : tu m'accompagnes à ce banquet, mais on ne restera pas plus longtemps que nécessaire. Et en retour, je te devrai un service.

J'inspire longuement pour tâcher de me calmer. Ça fonctionne à moitié, alors je laisse mes pieds sautiller et je joue nerveusement avec une mèche de mes cheveux. Nous demeurons silencieux de longues minutes. Je ne sais même pas dans quelle direction nous nous dirigeons.

— On s'en va dans quelle ville ? finis-je par demander.

— Montréal, dit-il.

— Ça se passe où, exactement ?

James hausse les épaules.

— Probablement dans une salle de réception.

— Pourquoi est-ce que ta mère veut que tu sois là ?

— Je suis un aimant à journalistes. Elle veut que son événement soit sur les réseaux sociaux parce qu'elle ramasse de l'argent pour toutes sortes de causes.

— Ah oui ? Quelles causes ?

— Ça dépend de son humeur. Le mois dernier, c'était la cause féministe, ce soir, ça peut être les bébés phoques du Grand Nord. Qui sait ?

— Au moins, elle s'implique pour essayer de changer les choses, dis-je.

— C'est son *trip*. Pourquoi est-ce que tu poses plein de questions ?

— Pour savoir. Ça me change les idées de ce qui arrive à ma sœur. Elle vit un drame et en plus, j'ai oublié sa fête. Je me sens vraiment mal !

James lève les sourcils et croise les bras.

— D'un, Laura St-Amour n'est pas ta sœur, mais la fille de la blonde de ton père. De deux, si tu as oublié son anniversaire, c'est que t'en avais rien à cirer, sinon tu y aurais pensé avant.

— Comment sais-tu son nom ? Et qu'elle est la fille de la blonde à mon père ?

James rit doucement. Il s'amuse à mes dépens.

— Douce Marie, crois-tu vraiment que tu serais ici, dans cette voiture, avec moi, si on n'avait pas fait une recherche approfondie sur toute ta vie ? Je sais tout sur toi. Je parie que j'en sais même plus que toi sur toi-même.

— Ahhh…

Je croyais qu'il arrêterait là, mais il se met à énumérer les faits sur ses doigts.

— Je sais qui est ta mère, son mari, le fils de son mari… il s'appelle Corentin, c'est ça ? Je sais que le père de Laura est militaire et qu'il est disparu de la carte. Je sais que ton père est avocat et que ton chien s'appelle Trucker. Veux-tu que je continue ?

Je ne respire plus. Ma bouche est tellement ouverte que ma mâchoire touchera le plancher de la voiture si je ne reprends pas mes esprits rapidement. Il sait même que j'aime les fées !

— J'ai mes sources, dit-il avec un sourire sec. Parfois, c'est pratique.

— Tu as tout mémorisé…

— Si tu es gentille, je pourrais peut-être faire quelque chose pour le père de ta « sœur », comme tu l'appelles, dit-il.

— Quoi ? Comment le pourrais-tu ?

Il hausse les épaules.

— Je ne sais pas trop ! J'ai jamais essayé de retrouver un militaire perdu en mission, mais mon père doit pouvoir faire bouger les choses. Évidemment, quand il sera élu et qu'il sera au pouvoir, ça sera plus facile.

Il tapote quelque chose sur son cellulaire. Sa main ne tremble plus. Était-il nerveux, tout à l'heure ? Si oui, pourquoi ? Décidément, ce gars est un mystère.

— Qu'est-ce que tu fais ?

— Je fais envoyer un cadeau de fête à ta sœur de ta part, dit-il sans lever les yeux de son écran. Voilà, c'est fait. Pour son père, j'ai déjà fait quelques démarches. On verra ce que ça donne.

— Tu… euh… pourquoi est-ce que tu fais tout ça ?

— Ça me fait quelque chose à faire. Je ne peux pas sortir, alors…

— T'es pas croyable !

— Ah, j'oubliais. Lucien Varnel-Smith. Je lui ai parlé hier.

À la mention de Lucien, mon cœur s'arrête.

— Quoi ? Pourquoi ?

— Tu ne veux pas savoir ce qu'il m'a dit ?

— Évidemment que je veux le savoir.

— Alors, faudra être gentille.

Gentille ? Ça veut dire quoi, pour lui ?

Chapitre 37

Oh, mon Dieu !

Une femme dans la trentaine, vêtue d'un tailleur bleu marine et portant une oreillette, est passée à la maison ce matin. Elle tenait dans ses mains un cadeau. Une boîte enveloppée de papier blanc avec un ruban rouge et une énorme boucle de la même couleur.

— Laura St-Amour ? m'a-t-elle demandé.

— Euh… oui…

— Pour vous, de la part de Marie-Douce.

— Han ? De Marie-Douce ?

— C'est bien ça. Au revoir !

La dame m'a saluée et s'est vite engouffrée dans une Cadillac noire. Elle ne portait même pas de manteau d'hiver. C'était vraiment bizarre, je me serais crue dans un film d'agents secrets !

Le cadeau est encore intact. Ça fait une demi-heure que je suis assise devant. Je l'ai déposé sur la table à café et je me suis laissée tomber sur les coussins mous du sofa. Depuis hier, je suis en état de choc. L'angoisse qui m'habite concernant Xavier décuple à mesure que les heures passent. Est-il à Gatineau ? Élise l'a-t-elle traîné chez son nouveau chum ? Ou pire, l'a-t-elle envoyé à Natashquan chez son grand-père ?

Xavier est-il donc réellement mon demi-frère biologique ?

Ça y est, mes sanglots incontrôlables reviennent en force. J'en suis à me demander si le corps humain a une limite de production de larmes et si je vais bientôt l'atteindre.

Le cadeau de Marie-Douce ne m'aide pas à être moins triste, au contraire ; il ne fait que me rappeler qu'elle n'était pas là pour ma fête, hier. Je viens de passer le pire Noël et le pire anniversaire de toute ma vie. J'appréhende déjà la Saint-Valentin que je passerai possiblement sans Xavier parce que notre problème n'en est pas un que nous pouvons surmonter. Si ce que nous soupçonnons est vrai, ça le sera encore dans un mois, dans un an, vingt ans. Il n'y aura pas d'issue.

Pour ajouter à ma fin de semaine bizarre, un autre message de mon admirateur secret est arrivé dans notre boîte aux lettres, ce matin. Pas de timbre, juste une enveloppe avec mon nom dessus. Ça veut dire qu'il sait où j'habite ! Est-ce qu'il se terre dans les buissons pour suivre mes déplacements ? Si c'est le cas, il va me trouver plate aujourd'hui parce que je suis incapable de bouger.

Nathalie et Hugo sont encore couchés. Ils aiment faire la grasse matinée le dimanche. Ça fait mon affaire : j'ai besoin d'être seule même s'ils ont été hyper compréhensifs et m'ont soutenue depuis que je leur ai raconté le pire malheur de ma vie. J'ai donc devant moi une enveloppe contenant Dieu seul sait quoi et une boîte cadeau mystérieuse. En temps normal, je serais fébrile et curieuse. Je n'aurais pas hésité une seule seconde avant d'ouvrir les deux. Aujourd'hui, je n'ai envie de rien, à part recevoir un message encourageant de Xavier. Message qui ne viendra pas, j'en ai bien peur.

Je vais attendre que Marie-Douce soit là pour ouvrir son cadeau. Qui était donc cette femme ?

Lasse de tout, j'allume la télé. C'est rare que je le fasse. Je ne suis généralement pas du genre à perdre mon temps à zapper. C'est encore sur la chaîne des nouvelles. Hugo doit être le dernier à avoir tenu la télécommande. C'est un reportage sur une œuvre de bienfaisance. Tiens, voilà le fils de Reynald Crown ! Il lui ressemble en plus. Je ne connais rien à la politique, mais tout le monde connaît Crown et le fait que son ascension fulgurante lors des dernières élections a probablement été truquée. Une fille blonde est au bras de James Crown. C'est drôle, elle ressemble à Marie-Douce, de loin ! Je pense que je commence à faire un peu de myopie. Je vois embrouillé. Il faudrait que j'avertisse ma mère que j'ai besoin d'un rendez-vous chez l'optométriste. Lorsque la caméra effectue un gros plan sur James, je me fige. Je reprends mes esprits et je saisis la télécommande si nerveusement que je l'échappe. Zut ! le boîtier s'ouvre au contact du sol et les piles roulent sur le plancher. Je déteste quand ça arrive !

— Zzzzuuut !

Vite, les piles. OK, je les ai ! Une chance qu'avec notre fournisseur de télévision, on peut mettre nos émissions sur pause et même reculer. C'est exactement ce que je fais et j'arrête la vidéo sur… le visage stoïque de Marie-Douce. Elle tient la main de James Crown.

ELLE TIENT LA MAIN DE JAMES CROWN.

OH, MON DIEU !

Chapitre 38

Le papillon mondain

Voilà, c'est fait ! J'ai passé la soirée à faire comme si James était un bon gars. Ma mère sera fière de moi. Les journalistes (ceux qui ont pu m'approcher malgré la sécurité qui nous entourait) m'ont posé des questions, mais James m'a soufflé de ne rien dire. Les gardes du corps se sont alors empressés de les faire reculer.

— Je suis désolée, ma belle Marie-Douce, est intervenue la mère de James. Ils ne sont pas censés vous ennuyer avec leurs questions concernant Reynald. Vous êtes trop jeunes pour répondre, ils devraient le savoir. Quel âge as-tu, ma chère ?

— J'ai quatorze ans, madame.

Cette dernière a les cheveux courts, presque noirs impeccablement coiffés, peignés et maintenus vers l'arrière à l'aide d'une quantité importante de fixatif. Son grand cou gracile me rappelle un peu celui de madame Lessard, mais contrairement à celle-ci, son visage aux pommettes hautes et ses yeux verts en amande lui donnent une beauté classique peu commune. On dirait une Audrey Hepburn moderne.

— Et James en a seize. Est-ce que tu es la copine de mon fils ?

— Maman ! Arrête !

La mère de James, qui possède un regard perçant qui vous oblige silencieusement à lui dévoiler votre âme, ne s'est pas laissée décourager par son fils.

— En fait…, ai-je commencé d'une petite voix, mais James m'a coupé la parole.

— Si elle ne l'était pas, pourquoi penses-tu que je l'aurais emmenée ici ?

La dame a souri, satisfaite par cette réponse.

— Bienvenue dans la famille, Marie-Douce. Je sens que tu es une bonne âme. J'espère que tu sauras lui tenir tête.

La mère de James est tout le contraire de son fils : chaleureuse, souriante et douce… Elle m'a presque donné le goût que la situation soit vraie, et non truquée par les manipulations de James, de ma mère et de madame Lessard.

Même si la phase « présentation à madame Crown » était terminée, ma mission, elle, était loin de l'être. Nous avons navigué, presque surfé, entre les robes longues faites de tissus plus fabuleux les uns que les autres. Zéro confort pour plusieurs, surtout celles dont la poitrine voluptueuse et bien mise en valeur semblait défier les lois de la physique en restant en place malgré les décolletés plongeants. J'ai lu dans quelques magazines que Kim Kardaman utilise parfois du *duct tape* qu'elle colle directement sur sa peau pour éviter d'avoir à porter un soutien-gorge sous ses robes de gala. C'est fou ce que certaines femmes sont prêtes à faire pour être belles.

J'ai vite constaté que James s'y connaissait en rassemblement mondain. Je crois qu'il a eu pitié de mon manque d'assurance et de mes pauvres réflexes quant à la bonne façon d'agir avec tous ces gens du monde de la politique et des affaires internationales. Je pense avoir croisé le père de Victoria, Paul Robert. J'ai tout de suite regardé à gauche et à droite pour voir si sa sympathique progéniture était de la fête. Victoria n'y était pas, et ce fut un vif soulagement. Après deux présentations lamentables, une avec le ministre des Finances et l'autre avec une dame dont le nom m'échappe – quelque chose comme Therrien ou Thériault – à qui j'ai bafouillé un beau « Salut, ça va ? », James m'a tirée à l'écart.

— OK, voici ce qu'on va faire, m'a-t-il dit en saisissant mes doigts. Si je serre une fois, tu souris, deux fois, tu te présentes, trois fois, tu arrêtes de parler. Et tu ne tutoies personne, compris ?

— C'est ma langue qui a fourché ! Je sais qu'il ne faut pas dire « tu » au ministre des Finances. Et à part ça, je ne suis pas une marionnette ni une voiture téléguidée, ai-je protesté.

Il a plissé les paupières et pincé les lèvres.

— T'es pas assez habituée pour improviser, crois-moi. Préfères-tu gaffer et me faire avoir l'air con ?

OUI ! Cent fois OUI !

Mais j'ai pensé à Maddox ainsi qu'à Lucien et aux menaces de James. Je dois les protéger. J'ai donc secoué la tête à la négative.

— Bien. Oublie pas que toutes les caméras sont fixées sur nous.

Nous avons donc passé le reste de la soirée les mains soudées pour que James puisse me communiquer ses directives. Par le plus grand des bonheurs, son père n'était pas présent à l'événement. Les heures suivantes se sont déroulées comme dans un rêve. J'ai été le papillon mondain dont Miranda rêve depuis des années.

Ça fait drôle d'être ici, au collège, un dimanche matin. Il est déjà près de onze heures et je n'ai encore rien fait.

Il était près de minuit quand nous sommes rentrés. Je me suis permis de dormir plus longtemps. Je n'ai plus grand-chose dans le petit réfrigérateur de notre chambre, mais j'ai du lait et des céréales Croque Nature. Ça va faire la *job*! Ma mère m'a laissé de l'argent pour que je puisse me faire venir à dîner et à souper en cas de besoin. Je ne crèverai pas de faim, ça, c'est certain.

En versant le lait dans mon bol de céréales, je repense aux propos de James. Peut-il vraiment faire avancer les recherches pour retrouver le père de Laura? Ou voulait-il simplement dire que si l'armée cachait des informations, il y aurait accès? Ça me semble bien difficile à croire, tout ça. Mais il l'a dit avec tellement de naturel que j'avais envie de le prendre au sérieux.

Il a aussi mentionné avoir parlé à Lucien. Mon cœur se serre à cette idée. Je pourrais lui parler moi aussi. J'ai encore son numéro de cellulaire et son identifiant Skype. Des fois, j'ai envie de lui envoyer un petit coucou, juste comme ça. Seulement pour avoir un petit contact avec celui que j'aime encore malgré tout. Puis, je me rappelle à l'ordre. Il m'a laissée tomber. Il a lui aussi mes coordonnées et peut facilement me contacter.

Qu'a-t-il dit à James ?

Qu'est-ce que James lui a dit ?

Mon bol de céréales terminé, je le rince dans le lavabo de la salle de bains et descends avec mon cellulaire. Je veux téléphoner à Laura pour voir comment elle va. Une fois au bas des escaliers, j'ouvre la porte et tends mon cellulaire vers le ciel.

Toutes mes sonneries retentissent en même temps. Laura a tenté de me rejoindre 100 fois depuis ce matin. Inquiète, je la contacte rapidement.

— Marie-Douce Brisson-Bissonnette ! Qu'est-ce que tu faisais avec James Crown, hier soir ? Main dans la main, en plus !

— Euh... longue histoire.

— Et j'avais une dame bizarre à la porte, ce matin. Elle m'a donné un cadeau de ta part.

— Oooh !

J'essaie de ne pas avoir l'air trop surprise.

— Je l'ai pas encore ouvert ! On le fera ensemble.

— As-tu des nouvelles de Xavier ?

— Non. Je vais mourir d'inquiétude, Marie-Douce. Pourquoi t'es pas ici ? J'ai besoin de pleurer sur ton épaule.

— Je sais… je suis tellement désolée, Laura. Tu peux peut-être appeler Corentin ? Ça va lui faire plaisir de te tenir compagnie.

— Corentin va trop me décourager. Il dit toujours des vérités qu'on ne veut pas entendre. On dirait qu'il ne sait pas reconnaître quand on a juste besoin de se faire dire que tout va bien aller.

Je me rappelle l'analyse de Corentin concernant la chanson *Sweet Mary* de Lucien et oh ! que Laura a tellement raison !

— Je serai là vendredi soir prochain.

— Promis ?

— Promis.

Chapitre 39

Une visite surprise

Ma belle Laura,

Tes problèmes actuels sont un signe du destin. Xavier ne fait pas partie de ton avenir. Je suis là pour toi. Maintenant et toujours.

Je t'aime,

Moi.

Cette nouvelle lettre anonyme est désagréable à lire. J'ai l'impression que mon admirateur secret n'est pas étranger à la rumeur qui a été lancée concernant Xavier et moi. On dirait presque que mon malheur lui fait plaisir. Frustrée et écœurée, je froisse la feuille pour en faire une boule que je lance dans la corbeille de ma chambre. Voilà une affaire de réglée. C'est la dernière de ces lettres anonymes que je lis. Toutes les prochaines se retrouveront à la poubelle sans être ouvertes. Si ce gars a quelque chose à me dire, eh bien, qu'il cesse de se cacher comme un trouillard et qu'il vienne se présenter en personne! Il a sûrement peur de Xavier et, pour être honnête, il a raison de le craindre.

Je veux parler à Xavier. Je me suis fait du sang de cochon toute la journée. Au moins, j'ai pu discuter de vive voix avec Marie-Douce. Elle ne m'a pas révélé grand-chose au sujet de James Crown. Je l'attends au détour pour lui soutirer tous les détails. Vendredi prochain, dès son arrivée, elle sera sommée de tout me raconter. Le garçon du politicien détesté est beau, mais il a quelque chose de sinistre. J'ai tapé son nom dans Google et je suis allée voir presque toutes ses photos. Il a toujours le même air dédaigneux, comme si tout ce qui existe sur Terre puait le vomi.

Ma mère et Hugo sont partis souper chez des amis. Ils m'ont invitée à les accompagner, mais je savais que c'était pour être gentils et qu'ils ne voulaient pas d'ado avec eux. J'ai décliné avec un sourire (faux) pour qu'ils arrêtent de s'inquiéter à mon sujet. Je n'ai jamais fait autant semblant d'être remplie de bonheur. Ma mère m'a fixée du regard un long moment. Ses yeux étaient des lasers qui, si elle n'arrêtait pas bientôt, allaient transpercer mon front. Finalement, c'est Hugo qui l'a convaincue que sa pauvre petite fille allait survivre même s'ils la laissaient seule le temps d'un repas. Ma mère m'a tout de même serrée dans ses bras, murmurant à mon oreille des mots rassurants.

— Tu m'appelles sur mon cellulaire si tu t'ennuies trop, OK, ma chouette ?

— Maman, j'ai pas trois ans.

— Non, mais tu vis quelque chose de difficile et je veux que tu saches que je suis là pour toi.

— Je le sais, maman…

— Je t'aime, Laura, a-t-elle dit.

— Je t'aime aussi. Allez, va à ton souper. Je vais bien.

Une fois ma mère et Hugo FINALEMENT partis, je réalise que je n'ai pas mangé grand-chose depuis hier. Mon estomac est encore serré par les pires émotions que j'ai ressenties de toute ma vie, mais il faut que je mange. Ma mère m'a laissé une portion généreuse de soupe dans le frigo. Hop, la moitié dans le four à micro-ondes et mon festin sera servi.

Hypnotisée par le bol blanc qui tourne derrière la vitre, je sursaute lorsque la sonnette retentit. Si je n'avais pas été si distraite, j'aurais entendu le moteur de la voiture qui attend dans l'entrée. D'un coup d'œil à la fenêtre, je reconnais la voiture de Miranda, alors je me dépêche à ouvrir.

Sur le seuil, ce n'est ni Miranda ni Corentin…

C'est un gars qui me semble familier. Grand, épaules carrées, posture désinvolte… C'est…

Lucien Varnel-Smith !

Chapitre 40

Encore et toujours Cendrillon

Vivianne vient d'arriver avec sa valise et son gros sac de petits plats préparés par sa mère. Ses cheveux blonds presque blancs sont attachés sur le dessus de sa tête avec plusieurs barrettes colorées. Une fois sa mère partie, ma cochambreuse claque presque la porte et me dévisage, les mains sur les hanches.

— Je t'ai vue à la télé ! m'accuse-t-elle.

Du moins, ça sonne comme une accusation.

— Aaah… c'est pas impossible.

Zut, d'abord Laura, puis Vivianne ! Moi qui croyais que plus personne n'écoutait la télévision de nos jours !

— En fait, c'est pas à la télé que je t'ai vue comme telle. C'était dans mon fil d'actualité sur Facebook.

— Aaah…, dis-je encore. C'est pas impossible… Tu veux que je t'aide à ranger ta bouffe dans le petit frigo ?

— Laisse faire la bouffe ! Je me demandais où je t'avais déjà vue. Je l'ai finalement découvert dans les commentaires des gens sous la photo où on te voit avec James Crown… Mademoiselle CENDRILLON !

Je ferme les yeux, la main sur le front. Je sens que je vais avoir une migraine. Ouaip, la douleur s'en vient !

— Excuse-moi, je ne file pas bien.

Sans plus d'explications, je cours jusqu'à notre petite salle de bains à la recherche de mes pilules anti-migraine. J'en profite pour me rafraîchir le visage à l'eau glacée. Avant de sortir de la salle de bains, pendant que je m'éponge les joues avec une serviette, j'entends des voix dans la chambre. Vivianne n'est plus seule. J'entrouvre la porte juste un peu pour regarder. Plusieurs filles se sont agglomérées sur le seuil. Argh ! Je n'ai pas envie d'avoir une foule autour de mon lit ce soir. Peut-être que si j'attends un peu, cachée ici, elles vont partir sans me voir. Ce sont nos voisines de palier que je connais de vue et de prénoms. Dania, Kélyane, Abi, Angie, sont celles que je suis capable de nommer. Trois autres, que je ne me rappelle même pas avoir déjà croisées auparavant, viennent s'ajouter au groupe. Elles ont toutes les yeux rivés sur l'iPad de Vivianne.

— J'ai fait une capture d'écran, dit cette dernière. La reconnaissez-vous ?

— C'est elle !

— C'est vraiment elle ! La Cendrillon des Full Power !

— Elle est sortie avec Harry Stone !

— Ben non, niaiseuse, c'était avec Lucien Varnel-Smith.

— T'es sûre ? Il me semble que c'est Harry qui a fait une sortie publique à son sujet.

— C'était Lucien. C'est dommage qu'on n'ait pas accès à internet d'ici, je vous aurais montré les photos.

— Ahhh, et il a fait des chansons à son sujet, il paraît ! Elle est tellement chanceuse !

— Et là, elle sort avec James ! Comment elle fait pour tous les attraper ? Elle est même pas si belle que ça.

— Elle est mystérieuse, les gars adorent ça.

Mon mal de tête grandit à mesure que les commentaires à mon sujet sortent de la bouche de filles qui ne me connaissent même pas. Désabusée, je referme la porte et m'adosse contre le pan de bois, pour ensuite glisser jusqu'à tomber assise sur le carrelage froid. J'aimerais me réfugier sous mes couvertures et peut-être réussir ainsi à soulager un peu la douleur qui envahit mon crâne, mais je préfère attendre qu'elles partent.

Chapitre 41

Seuls les fous ne changent pas d'idée

Lucien se tient devant moi comme une apparition. On le dirait revenu de parmi les morts. Je veux parler, mais tout ce qui sort de ma bouche sonne comme :

— Aaaaeeehh…

— Je peux entrer ? demande-t-il d'un ton pressé.

Bouche bée, je recule pour le laisser passer. Je m'attends à voir Corentin derrière lui, mais il est seul. Avant de refermer la porte, il fait signe à celui que je devine être Bruno qu'il peut partir.

Plusieurs secondes passent avant que Lucien n'ouvre la bouche. Je suis si figée par sa présence soudaine dans mon salon que je ne décode pas les mots qu'il me dit.

— Hé ! Ho ! Laura ! Tu m'entends ? demande-t-il.

Depuis des semaines, je vois Lucien sur YouTube, à la télé, et je l'entends à la radio, alors j'ai du mal à croire qu'il se tient vraiment devant moi. Il est toujours le même, mais différent. A-t-il grandi ? Maigri ? Ses cheveux ont allongé…

— Laura !

— Oui ! Oui ! Je t'entends. C'est juste que… je ne comprends pas ce que tu fais ici, tout à coup…

— Est-ce que Marie-Douce est là ? me coupe-t-il.

Ignorant sa question, j'y vais de celle qui torture ma sœur depuis des semaines :

— Est-ce que la toune *Sweet Mary*, c'était pour lui envoyer un message ?

Il cligne des yeux rapidement, surpris par ce que je viens de lui demander.

— J'aimerais savoir si Marie-Douce est ici…

Je secoue la tête à la négative.

— Elle est restée à son nouveau collège toute la fin de semaine.

Sur le visage de Lucien, je lis la déception. J'y vois aussi de la fatigue et de la tristesse. On dirait que la vie de star n'est pas si plaisante que ça, à lui voir la bine.

— Je dois absolument la voir, dit-il.

— Wô, minute, moumoute !

— Moumoute ?

— Oui, moumoute ! Tu ne peux pas débarquer ici après avoir largué ma sœur comme une vieille chaussette et espérer que je ne te demande pas d'abord d'expliquer ce qui t'a pris !

On dirait que mes paroles viennent d'agiter quelque chose en lui. Je remarque que Lucien est cerné, comme s'il avait mal dormi depuis des jours. Malgré cela, toujours aussi arrogant, autant qu'il l'était la dernière fois que je l'ai vu en tout cas, il hausse un sourcil avec un sourire las.

— J'aimerais en parler à Marie en premier.

— Alors, qu'est-ce que t'attends ? Tu sais très bien à quel numéro la joindre, dis-je d'un ton de défi.

Curieusement, Lucien ne bouge pas. Il serre les lèvres et fait quelques pas, les mains sur les hanches.

— Finalement, je pense que j'aimerais te parler avant, finit-il par admettre.

Mamie Jackie dit souvent : « Ma petite Laura, y a juste les fous qui ne changent pas d'idée. » Vraisemblablement, Lucien n'est pas un fou.

— Me parler à moi ? dis-je en pointant ma propre poitrine.

— Oui. Je veux savoir pourquoi Marie-Douce n'a jamais tenté de me contacter.

Je soupire longuement, incertaine de savoir si ma sœur m'en voudrait de raconter sa vie à Lucien en son absence. Puis me viennent à l'esprit toutes les fois où Marie-Douce s'est mêlée de mes affaires en discutant avec Samuel ou Xavier à mon sujet.

— OK, mais faudrait t'asseoir. Veux-tu un bol de soupe ?

— Oui, j'en prendrais bien un, merci.

Quelques minutes plus tard, nous sommes (presque) comme deux vieux copains, Lucien et moi. Je grignote des biscuits soda pendant qu'il dévore la soupe consistante, goûteuse et chaude de ma mère. L'observant du coin de l'œil, je me dis que les vedettes qu'on idéalise tant sont des humains normaux qui aiment la bouffe maison, finalement. En tout cas, Lucien l'est.

— Pour répondre à ta question, Marie-Douce a eu très mal quand tu l'as laissée. Je pense que c'est pour ça qu'elle a jamais tenté de te contacter. Ma sœur est forte, mais elle est aussi fragile. Tu l'as brisée, t'sais…

Lucien pince les lèvres et prend une grande inspiration, comme s'il tentait d'assimiler la gravité de mes paroles.

— J'en suis désolé…

— C'est bon ?

Il hoche la tête en prenant une nouvelle cuillerée remplie de nouilles et de morceaux de légumes coupés avec amour par Hugo. Hé oui, ils cuisinent ensemble, ma mère et lui. Ils sont adorables.

— Alors, vas-tu me dire pourquoi t'as *flushé* ma sœur avec une lettre aussi débile ?

— C'est pas ce que tu crois, Laura.

— Ah, non ? Parce que tu sais ce que j'ai d'abord pensé ? J'ai tout de suite cru à un mauvais tour de Corentin. Je ne pouvais tellement pas croire que t'abandonnerais ma sœur que j'ai accusé mon meilleur ami.

— Merci pour le vote de confiance…

— Comment ça se fait que t'es ici, Lucien ? dis-je en sautant du coq à l'âne parce que la question me titille trop. Je te croyais en plein tour du monde avec les Full Power. Tu ne devrais pas être sur une scène devant vingt-cinq mille *fans* en délire ? Il me semble qu'être ici, à jaser avec moi, c'est pas exactement…

— Arrête, Laura, m'interrompt-il en déposant sa cuillère dans son bol.

Il semble agacé par ma question. Je ne comprends pas pourquoi. C'est normal que je la pose.

— Alors, réponds-moi.

— Nous prenons une pause.

— Aaaah, t'es comme, genre, en vacances ?

— Si on veut.

— Es-tu ici avec tes parents ?

— Ma mère.

— Et vous logez chez les Cœur-de-Lion, j'imagine ?

— Seulement pour ce soir. Ensuite, nous serons à Montréal, à l'hôtel. J'ai des entrevues.

— Évidemment, dis-je en laissant mon dernier biscuit soda à moitié mangé sur la table.

— J'ai eu un appel de James Crown. Tu sais qui c'est ? demande Lucien.

J'acquiesce. Oh que oui, je sais qui c'est ! Maintenant plus que jamais.

— Le fils du politicien fou. Pourquoi est-ce qu'il t'a appelé ?

— Pour me dire qu'il savait des choses au sujet de mon père et qu'il pouvait ruiner ma réputation.

Un goût amer passe dans ma bouche et mon sang doit s'être retiré de mon visage parce que je me sens étourdie.

— Il… il a mis le grappin sur Marie-Douce, je pense. As-tu vu les photos d'eux ensemble ?

Lucien expire brusquement. Il ne se sent pas bien, lui non plus.

— Mon père voulait qu'on aille sur une île de la Méditerranée durant cette pause, dit-il. J'ai dû me battre pour être ici. Ma mère a dû le menacer de je ne sais trop quoi. Elle ne m'en parle jamais quand elle pousse mon père à faire ce qu'elle veut.

Les mots de Lucien sont presque un murmure. Ce qu'il dit là est méga-important.

— Lucien, est-ce que ton père est… euh… correct, avec toi ?

Sans me répondre, il se lève, son bol à la main, et se dirige vers l'évier où il ouvre l'eau pour le rincer. Comme s'il était chez lui, Lucien place le bol souillé dans notre lave-vaisselle. Il essuie ses mains avec un linge et revient s'asseoir à la table. Tout ça sans dire un mot ni relever les yeux.

— Est-ce que c'est à cause de lui que t'as quitté Marie-Douce ?

Il regarde le plafond en frottant son cou. Ses yeux rougissent et se mettent à briller comme si des larmes allaient poindre au coin de ses paupières.

Oh, mon Dieu !

J'ai frappé en plein dans le mille !

— C'est ça, han ? C'est ton père qui t'a forcé à laisser ma sœur ? Toi, tu ne voulais pas ?

— Je l'aimais tellement… Je l'aime encore. J'ai essayé de lui envoyer des signes. Mon père surveillait mes appels, mes messages…

— Alors, la chanson *Sweet Mary*…

— C'était pour elle, oui. Est-ce qu'elle l'a comprise ? demande-t-il d'un ton presque désespéré.

— Elle s'est posé beaucoup de questions à ce sujet. Il faut que tu saches que Corentin l'a convaincue que cette chanson ne voulait rien dire…

Lucien émet un juron français pas très beau en cognant son poing sur la table.

— Je vais l'égorger.

— À la défense de Corentin, il est encore très amoureux de Marie-Douce…

Le regard noir que Lucien me lance me fait reculer contre mon dossier.

— L'amour, ça ne se contrôle pas, dis-je doucement.

Lucien passe une main sur son visage et frotte ses joues pour se calmer. Le geste me fait penser à Xavier qui fait souvent la même chose quand il est énervé. Du coup, mon cœur se serre.

— Je sais.

— Mais ton père t'a permis de l'inclure dans l'album, cette chanson, même si elle était clairement pour Marie-Douce ?

— Il n'a fait le lien que trop tard, souffle Lucien. Les gars et moi, on l'a mise en ligne sur YouTube rapidement et à son insu. J'ai passé un mauvais quart d'heure à cause de ça, d'ailleurs. C'était pas permis dans notre contrat. Mais quand la chanson est devenue un tube…

— Un tube ?

— Un succès, traduit-il.

— Ahhh, OK. Alors, puisque *Sweet Mary* a fait fureur, ton père a rien fait pour s'y opposer, c'est ça ?

— Exactement. Et la maison de disque non plus.

— Lucien… je peux te poser une autre question ?

— Vas-y…

— Est-ce que ton père t'a déjà… frappé ?

Lucien relève enfin son regard vers moi. Il est indéchiffrable.

— Quand j'étais plus petit. Maintenant, il utilise d'autres tactiques. C'est sa façon de régner sur son entourage. Il est hyper intelligent, donc difficile à déjouer.

— Je suis désolée, Lucien. On croit tellement que les stars ont une vie de rêve.

— Pfff ! Ce sont souvent les pires. Si tu voyais ce que j'ai vu, tu ne dirais pas ça. Les célébrités sont des gens à qui tout est offert et certains sont prêts à vendre leur âme pour en arriver là. Mon père a des ambitions si hautes pour moi qu'il oublie que je suis un adolescent.

— Est-ce que tu penses quitter les Full Power ?

Lucien secoue la tête.

— Pas pour l'instant, mais un jour, oui, c'est certain. Pour tout de suite, je veux voir Marie-Douce, souffle-t-il. C'est tout ce que je veux. Mais ne lui dis pas que je suis venu ici, je veux le faire correctement, sans qu'elle se sente prise au piège. Elle ne veut peut-être pas me voir.

Ça, j'en doute.

Chapitre 42

Une migraine de la mort

Je suis littéralement couchée sur le plancher de la salle de bains lorsque Vivianne ouvre finalement la porte. À travers mes cils (et la douleur aiguë de ma migraine), je discerne plusieurs paires d'yeux qui me fixent.

— Marie-Douce, est-ce que ça va ? demande Vivianne, paniquée.

— J'ai juste besoin de dormir.

— Tassez-vous ! s'exclame ma cochambreuse. Vous voyez bien qu'elle a besoin d'air !

Je me lève lentement, avec l'aide d'une des filles que je ne pourrais pas nommer.

— Merci.

— Tout le monde sort ! fait Vivianne comme si elle était soudain ma protectrice et non l'une de celles qui potinent à mon sujet.

Je m'étends sur mon lit, heureuse du confort de mon matelas, et je prie pour que la chambre se vide rapidement. Je souhaite aussi que Vivianne se fasse toute petite et me laisse faire passer mon mal de tête en paix. Mais je n'ai pas tant de chance. Elle ne se possède plus. Son excitation à l'idée d'avoir dans sa chambre la Cendrillon de Lucien Varnel-Smith la rend folle.

— Je ne peux pas croire que t'es ici, dans ma chambre, babille-t-elle. J'aime tellement les Full Power ! Je suis ce qu'on peut appeler une super-*fan*. Il faudra que tu me racontes tout. Comment ils sont dans la vraie vie. T'as sûrement embrassé le beau Lucien, han ? *Oh, my God ! Oh, my God ! Oh, my God !* T'as dû voir des feux d'artifice !

— Vivianne, est-ce que tu peux me laisser dormir un peu, s'il te plaît ? Je ne me sens vraiment pas très bien.

— OK ! OK ! Évidemment, tu ne veux rien me raconter. Je comprends ça, t'sais. Moi aussi, je connais des vedettes. J'ai déjà rencontré Shawn Manadez ! Il m'a dit que j'étais jolie, alors tu vois, t'es pas la seule.

— Vivianne, s'il te plaît. J'ai vraiment besoin de silence.

— Puisque madame a besoin de silence… Tu veux que je sorte de MA chambre aussi ?

— Non, juste du silence. Et essaie de ne pas pointer ta lumière de chevet vers moi. Merci.

Mon ton commence à être agressif. Si elle n'arrête pas de parler, je vais la mordre.

— Si c'est comme ça !

Après des gestes brusques pour ramasser quelques effets personnels, Vivianne claque la porte derrière elle, manifestement frustrée parce que je n'ai pas répondu à ses questions. Cette fille ne sait clairement pas à quel point c'est douloureux, une migraine.

Quelques minutes après que Vivianne est sortie, des coups discrets à la porte troublent mon demi-sommeil. Les lits étant placés de chaque côté de la porte, je n'ai qu'à tendre le bras pour tourner la poignée. Un filet de lumière agresse mes yeux, mais je suis soulagée de reconnaître les bottines de Maddox. Il s'accroupit devant moi, son capuchon bien en place sur sa tête.

— Salut, souffle-t-il en tirant doucement une mèche de mes cheveux épars sur mon oreiller.

— J'ai une migraine, dis-je simplement.

— OK. As-tu besoin de quelque chose ?

— Une débarbouillette froide…

— Bouge pas, je vais t'en chercher une.

Il revient dans la minute et dépose doucement le linge frais sur ma tempe. Je ne sais pas s'il a des pouvoirs magiques, mais il applique une pression sur le point central de ma douleur. Ça me soulage un peu. Je crois que ce qui me fait le plus de bien, c'est sa simple présence.

— Tu vas me parler de James ?

— Non. Je préfère ne pas le mentionner, dit-il. Je te laisse dormir. Je reviendrai te voir durant la semaine. J'entends ta copine de chambre qui revient.

Puis, il dépose un baiser léger sur mon front et disparaît comme s'il avait été une brise dans la pièce. Une quinzaine de secondes plus tard, la poignée tourne et la porte s'ouvre à nouveau dans un grand éclat de lumière provenant du couloir. Lorsque la voix de Vivianne atteint mes tympans, je veux mourir.

— Est-ce que c'était qui je pense que c'était qui vient de sortir de la chambre ? demande-t-elle.

— Ça dépend à qui tu penses.

— Maddox Buteau !

— Parle moins fort… C'était lui. Pourquoi ?

— T'es amie avec le gars qui refuse de parler à qui que ce soit depuis son arrivée ? Celui qui a fait un scandale avec sa peinture de l'ancien directeur ? Celui que James veut démolir de ses propres mains ?

— Il est pas si pire que ça. Vivianne, peux-tu baisser le ton ?

Mes yeux sont fermés, mon front est tendu ainsi que tout le reste de mon corps. Vivianne ne voit-elle pas que j'ai une compresse froide sur le front ? On dirait que ma souffrance n'a pas autant d'importance que sa curiosité.

— Il nous fait peur, ce gars-là, Marie-Douce. Les filles et moi, quand on l'a vu sortir de ma chambre, tout à l'heure, on n'en revenait pas !

— Aaaah… Ben non, il a jamais mangé personne. Est-ce qu'on peut en parler demain, Vivianne ? Je vais dormir un peu, là.

Ou vomir ! J'ai mal au cœur.

— Maudit que t'es plate !

Chapitre 43

Sur un coup de cœur

Lucien est parti avant qu'Hugo et ma mère ne reviennent. Il m'a laissée sur un câlin dans lequel j'ai senti une désolation troublante. Avant de s'en aller, il a pris le temps de me demander comment moi j'allais, si Samuel était toujours dans les parages. Je lui ai raconté que Xavier et moi étions tombés amoureux et que Samuel avait eu de la peine. Je lui ai aussi expliqué notre problème impensable : nous sommes peut-être demi-frère et demi-sœur. Il a fermé les yeux en soupirant longuement. Ces instants avec Lucien ont complètement changé l'opinion, parfois bonne, mais le plus souvent médiocre, que j'avais de lui jusqu'à présent. Il a peut-être changé depuis qu'il est devenu ce qu'il est devenu avec les Full Power, mais je crois qu'il a surtout acquis beaucoup de maturité et d'empathie. J'aurais aimé discuter avec lui encore plusieurs heures, mais le temps était compté. Je ne sais pas ce qu'il va faire, concernant Marie-Douce. Lucien n'est pas du genre à abandonner, ça, je le sais maintenant. Si, après tout ce qu'il a vécu, il peut encore pleurer pour ma sœur, nous le reverrons, c'est certain.

Plus tard le même dimanche soir, alors que je suis dans le salon devant une émission de téléréalité à laquelle je suis incapable de m'intéresser, j'envoie un texto à Xavier.

Moi
Allô, tu me manques, j'espère que tout va bien. Donne-moi des nouvelles, s'il te plaît. Même si t'as rien de bon à me dire. xxx

Xavier
Je suis dans ta chambre

Han ?

Je me lève d'un bond et cours à toute allure vers l'escalier. Hugo me lance un regard de travers, mais ne dit rien. En quelques secondes, j'atteins le seuil de ma chambre dont je pousse la porte avec énergie. Xavier est là, il a encore son manteau sur le dos et vient de retirer sa tuque, laissant ses cheveux bruns tomber dans tous les sens. J'ai envie de pleurer de le voir là, moi qui m'étais presque résignée à ne plus jamais le revoir.

— Pourquoi t'as grimpé jusqu'ici par ma fenêtre ? T'aurais pu passer par la porte d'entrée, dis-je à voix basse.

— Tes parents ne me laissent pas monter jusqu'ici. Je voulais être seul avec toi quelques minutes. Je me suis enfui de chez le chum de ma mère.

— Quoi ? T'es revenu de Gatineau tout seul ?

— Oui et non… J'ai appelé Martine et j'ai marché de Vaudreuil-sur-le-Lac jusqu'ici.

— As-tu laissé un mot à ta mère ?

— Je lui ai envoyé un texto.

— Xavier ?

— Oui ?

— Ta mère, est-ce qu'elle t'a dit… euh… pour ton père ?

J'ai tellement peur de sa réponse que j'ai envie de lui demander de ne rien me dire.

— Elle m'a laissé entendre que c'était pas impossible, souffle-t-il. Ceci dit, j'ai de sérieux doutes sur les choses que ma mère me raconte. J'ai eu l'impression qu'elle essayait de me manipuler avec cette histoire.

— C'est tellement pas *cool* ! Pourquoi est-ce qu'elle ferait ça ? T'es son fils, elle devrait vouloir t'aider, non ?

— Ma mère a des problèmes dans sa tête, Laura. Depuis que je suis assez vieux pour le comprendre, je me méfie de tout ce qui sort de sa bouche. C'est d'ailleurs pour ça que je ne voulais pas lui poser la question, à elle. Il faut parler à ton père. Lui, il nous dira la vérité.

— J'ai parlé à ma mère, dis-je.

— Et ?

— Imagine-toi donc que j'ai été conçue le premier soir de leur coup de foudre.

Aux secousses qui l'animent, je devine que Xavier est crampé de rire.

— Hé, c'est pas drôle !

— Ça explique pourquoi t'es aussi impulsive. T'as été conçue sur un coup de tête !

— Correction : sur un coup de cœur.

Il continue de rire doucement.

— Oui, sur un coup de cœur. Et ça, ça explique pourquoi tout le monde t'aime.

Aaawww… comment Xavier est-il devenu aussi mignon ?

— Sérieusement, Xavier, ma mère ne sait pas si c'est possible qu'Élise et Daniel aient été « ensemble » un an et demi avant qu'elle sorte avec mon père. Ta mère a jamais été dans son cercle d'amis, même si nos pères étaient proches. Ça veut peut-être dire qu'ils s'évitaient et…

Xavier saisit mes épaules et me regarde droit dans les yeux.

— Arrêtons de tout analyser, tranche-t-il. Je vais ramasser l'argent qu'il faut pour le test génétique. Je ne veux pas attendre que ton père revienne pour agir.

— Comment penses-tu faire ça ? C'est trois cents dollars !

Il grimace un peu.

— Je vais travailler au McDo, finit-il par souffler.

— Pour de vrai ? Tu vas faire quoi ?

— Tout ce qu'ils me demandent.

— Tu vas travailler chez McDo pour pouvoir sortir avec moi ? Et en plus, c'est même pas sûr ! Si le test révèle qu'on est… qu'on est…

Je ne suis même pas capable de dire les mots.

— Je veux pouvoir t'embrasser sans avoir toujours un doute dans mon esprit, dit-il. Je suis prêt à faire cuire des centaines de boulettes de Big Mac pour ça.

— Tu crois qu'ils me prendraient aussi ? Ça irait deux fois plus vite !

— T'es trop jeune. T'as quoi, treize ans ? Il faut avoir quinze ans.

— J'ai quatorze ans.

Il semble surpris.

— Depuis quand ?

— Hier…

— *Crap !* C'est vrai ! Je pensais revenir pour souper et ma mère m'a traîné de force jusqu'à Gatineau ! Avec tout ce qui est arrivé, j'ai oublié.

— C'est correct, t'en fais pas avec ça, dis-je. Juste le fait que tu sois prêt à laver des planchers et à faire des frites pour moi, ça me comble amplement. T'aurais pas pu me faire un plus beau cadeau.

— Je dois y aller, murmure-t-il.

— Xavier, j'allais oublier de te dire : Lucien est venu me voir.

— Lucien ? Ah… la vedette ?

— Arrête de toujours faire semblant que tu ne sais pas de qui on parle. Oui, la vedette. Il aime encore Marie-Douce et ne voulait pas la laisser du tout ! Il y a été forcé par son père.

Xavier fronce les sourcils. Il n'a pas l'air de trouver que c'est une bonne nouvelle.

— Maddox va capoter, dit-il.

Oh ! Zut ! Maddox !

Pourquoi est-ce qu'il n'y a jamais rien de simple, han ?

Pourquoi ? ? ?

Chapitre 44

Une invitation à refuser

L'une des raisons majeures qui m'ont motivée à quitter la Cité-des-Jeunes était exactement ça: le commérage à mon sujet. Le fait que je ne pouvais pas marcher dans les couloirs sans qu'on se retourne sur mon passage et qu'on chuchote dans mon dos. Je voulais redevenir invisible… C'est raté!

Depuis le début de la journée, c'est un manège trop familier qui tourne autour de moi. On jase encore à mon sujet. En entrant dans la salle de danse, je constate que Victoria et ses amies m'attendent de pied ferme. Toute la semaine dernière, elles m'ont pratiquement ignorée. C'était parfait. Je n'avais pas besoin d'une autre discussion musclée avec Victoria Robert. Ç'aurait pu mal se terminer.

Mais elle est là, les bras croisés sur la poitrine, un petit sourire sur les lèvres. Je ne suis pas certaine si j'aime cet air un peu trop mielleux. C'est louche. Surtout qu'elle a probablement (sûrement) entendu parler de ma sortie avec James et qu'elle doit se douter que j'ai rencontré son père à l'événement de madame Crown.

— Allô, Marie-Douce! As-tu passé une belle fin de semaine?

Je cligne les yeux parce que ma vision est toujours un peu trouble après une grosse migraine. J'ai l'impression d'avoir trois Victoria devant moi. Une, c'est déjà trop. Elle n'aide pas à atténuer ma nausée.

— Super! Et toi?

Je garde un ton léger, tout comme elle.

— Moi ? Oh, oui, je passe toujours de belles fins de semaine.

— Ah, ben, c'est *cool*, dis-je avec un sourire un peu forcé.

Tout est forçant, aujourd'hui.

Je me retourne pour commencer mes étirements à la barre horizontale, mais Victoria me suit comme un pot de colle.

— Nous faisons un petit rassemblement ce soir, dans la cuisine du 2e étage des filles, dit-elle. Je sais que tu ne sors pas souvent de ta chambre, peut-être parce que tu ne connais pas grand monde. Ça serait le *fun* si tu venais.

Je la dévisage en silence.

Une seconde… deux secondes… trois secondes…

Je commence à voir les autres filles gigoter de malaise derrière elle.

Quatre secondes… cinq secondes…

Victoria hausse les sourcils.

— Alors ? insiste-t-elle avec impatience.

— Non merci, finis-je par répondre.

Elle s'approche jusqu'à ce qu'on soit presque nez à nez. Elle est dans ma bulle ; mon premier réflexe est de reculer, mais je me force à ne pas bouger. Il faudra qu'elle embarque dans mon chandail pour que je bronche.

— Qu'est-ce que t'as contre moi ? demande-t-elle.

— Rien.

— Je t'invite, tu pourrais au moins considérer la question.

— Pourquoi est-ce que tu m'invites, Victoria ?

C'est elle qui recule la première, libérant mon espace vital de sa présence envahissante. Ouf, ça fait du bien de pouvoir respirer.

— Parce que j'aime pas être en mauvais termes avec les filles, rétorque-t-elle.

Cette réplique cause un petit concert de raclements de gorge et de toussotements autour de nous. Lorsque j'essaie de voir qui a réagi, elles détournent toutes le regard comme si elles n'écoutaient pas notre conversation avec la plus grande attention.

— On n'est pas en mauvais termes, dis-je. On est juste en « pas de termes ».

Je vois bien qu'elle se retient pour ne pas me brusquer. Pourquoi donc ? J'ai ma petite idée (comme le fait qu'elle sache que je suis sortie avec James, par exemple).

— OK, je vois, finit-elle par souffler.

Il est apparent que Victoria Robert ne s'est pas souvent fait refuser quoi que ce soit dans sa vie. Eh bien, c'est tant pis ! Je m'éloigne en quelques enjambées pour saisir ma petite serviette blanche, épongeant mon front même s'il n'est pas encore humide, puisque le cours n'a pas encore commencé.

Ça me fait quelque chose à faire de mes mains. Pour être honnête, je tremble un peu.

Une heure plus tard, je me dépêche de sortir de la classe, non sans avoir promis au prof de continuer de répéter la chorégraphie du spectacle de février. Plus qu'un petit mois pour me mettre au diapason, c'est bien peu, mais je suis capable de le faire.

Chapitre 45

Poing sur le cœur

Xavier a suggéré qu'à l'école, nous soyons discrets. Mais dans l'éventualité où l'on se croiserait, nous avons un signe particulier pour communiquer sans parler: notre poing sur le cœur pour dire qu'on s'aime. C'est lui qui l'a proposé, j'ai presque pleuré (encore) tellement j'étais touchée qu'il pense à ce genre de détail.

Il paraît que la rumeur de notre possible demi-parenté a fait le tour de toute l'école. Notre histoire est sur toutes les lèvres. Avant, j'étais l'amie de celle qui était sortie avec un Full Power. Maintenant, je suis la fille qui sort avec son demi-frère. C'est l'enfer. J'ai presque envie de faire comme Marie-Douce et de me trouver un pensionnat où aller me cacher, moi aussi. Mais pas le sien, il semble beaucoup trop compliqué.

À la cafétéria, je mets mes écouteurs pour faire semblant que je me fiche de n'avoir personne avec qui dîner. Xavier est au gymnase, on n'a donc pas à faire semblant de ne pas se connaître. Mon iPhone est resté chez moi, parce que je n'ai pas le droit de l'apporter, et le fil blanc de mes écouteurs tombe donc dans le vide de ma poche de pantalon. Oh, que je suis ingénieuse, quand je veux!

J'en suis à ma deuxième bouchée de mon sandwich au baloney lorsque quelqu'un se laisse tomber sur le banc qui me fait face. Je lève les yeux et j'ai devant moi la dernière personne que je voulais voir. Ou plutôt, celle que j'évite parce que j'ai peur de ne pas me contenir en sa présence. Et par là je veux dire que j'ai peur de pleurer comme un bébé ou de lui sauter à la tête pour lui arracher ses maudites rallonges.

— Bonjour, Laura, susurre Kim.

Le cœur dans la gorge, ma réaction n'est pas celle que j'avais prévue. J'arrête de respirer et, d'un geste automatique, je retire mes écouteurs.

— Qu'est-ce que tu veux, Kim ?

Elle ajuste ses lunettes au dégradé de vert et de bleu marine. Si je n'avais pas cette haine latente pour elle, je serais tentée de la complimenter pour son choix. Mais ce que j'ai vraiment envie de faire, juste là, c'est de lui dire que ses faux cils plient contre ses verres.

— Juste mettre les cartes sur la table, dit-elle avant que je puisse lui faire mon commentaire constructif. Quand une amie vole le chum d'une fille, ben, ladite fille a comme genre le droit de s'attendre à des excuses… ou du moins à une explication. Mais de toi, j'ai rien eu. Même pas un petit signal de fumée. Ça me laisse comprendre que t'es soit une peureuse, soit une traître.

OUILLE !

Je suis sûre que ce soir, je vais trouver les bons mots à répondre à son accusation, mais pour l'instant, je suis sous l'effet de la surprise. Comme à la guerre, quand l'ennemi attaque par-derrière. Sommes-nous en guerre, Kim et moi ? On dirait bien que oui.

— Écoute, j'ai pas couru après Xavier. Il t'a laissée avant qu'on sorte ensemble. S'il t'aime pas, j'y suis pour rien.

J'hésite à lui parler des ragots qu'elle a lancés. Je n'ai pas de preuves, mais Xavier est certain que ça vient d'elle. Je me pose la question : que ferait Marie-Douce ? Facile : elle ne lui donnerait jamais le plaisir de lui montrer que son coup l'a atteinte.

Du bout des doigts, Kim pianote sur la surface de la table de mélamine. Si elle attend que je me plaigne de son super potin, elle sera déçue.

— T'es qu'un bébé pour Xavier. C'est ce qu'il m'a toujours dit. Il paraît que t'as été malade et qu'il s'est occupé de toi ?

Je hausse les épaules sans répondre et je remets mes écouteurs. Ce geste en dit long. Ça signifie : dégage.

— Bon, puisque c'est comme ça, je vais aller droit au but. Je vais te dire la grosse vérité concernant Xavier. L'information que j'ai dévoilée est vraie. Je le sais depuis longtemps et j'ai pas eu grand-chose à faire pour la vérifier. C'est mon père qui me l'a dit parce qu'il passait beaucoup de temps avec ton père à cette époque-là. Élise et Daniel se sont vus plusieurs fois en cachette de Stéphane. À cause de ça et de sa ressemblance avec Daniel, mon père a toujours été convaincu que Xavier était pas le fils de Stéphane

Masson. Alors, voilà. T'as vraiment *frenché* ton propre frère. Je vomirais, si j'étais à ta place.

Elle se lève et frappe la table de sa paume, me faisant sursauter.

— Boom ! lance-t-elle avec un sourire de victoire.

Je ne dois pas me laisser atteindre.

Je ne dois pas me laisser atteindre.

Je ne dois pas me laisser atteindre.

Je ne dois pas me laisser atteindre.

C'est sûrement un mensonge.

Chapitre 46

Provocation

Je veux trouver la chambre de Maddox. Maintenant que James m'a pris dans ses filets ET qu'en plus, les filles ont vu Maddox sortir de ma chambre, il n'y a aucune raison pour faire comme si on ne se connaissait pas. Malgré tout, il m'évite. À en croire les dires de Vivianne, Maddox est sauvage avec tout le monde.

Le pensionnat comporte six étages : trois pour les chambres des filles et trois pour les chambres des gars. J'aurais dû demander à Maddox le numéro de sa chambre ; je n'aurais pas à errer ainsi dans les couloirs.

Je suis sortie, un peu plus tôt, pour lui envoyer un texto : « Où est ta chambre ? », mais il ne m'a pas répondu. Il est peut-être dans une salle de classe en train de peindre, à l'heure actuelle. Je perds sûrement mon temps à espérer le croiser ici. Plusieurs portes de chambres sont ouvertes. Je passe devant des pièces remplies de jeunes qui discutent, chantent ou grattent de la guitare. De l'une des chambres, on me fait signe d'entrer pour me joindre au groupe, mais je décline en souriant, tout de même heureuse de voir qu'il y a des gens sympathiques. Un peu comme celui qui a dit : « Dieu ait son âme ». D'ailleurs, je ne me souviens plus des traits de son visage, alors c'était peut-être lui qui m'a invitée. Je ne le saurai jamais.

— Est-ce que c'est moi que tu cherches ?

Je me retourne en sursautant. Ce n'est pas Maddox qui m'a parlé, mais James. Il passe une main pour ramener sa longue frange qui lui tombe devant les yeux à l'ordre et me fixe, attendant ma réponse.

Je lui dis quoi ? Que je me suis égarée ? Pas une bonne idée.

— Non…

— Les filles n'ont pas le droit de se promener ici.

— Tu vas me dénoncer ?

James émet un petit rire sec.

— Si c'est Buteau que tu veux voir, tu ne le trouveras pas ici. Il est dans l'atelier des artistes peintres. Je pense même qu'il dort là.

— C'est sûrement comme ça qu'il réussit à réaliser des œuvres aussi impressionnantes, dis-je en levant le menton.

James incline la tête, comme s'il m'étudiait. Il ne m'effraie pas. Il a été correct avec moi lors de notre sortie publique. À part me tenir par la main sans jamais la lâcher tout au long de la soirée, je ne peux pas dire qu'il a été désagréable. Ce que j'ai remarqué, c'est qu'il avait beaucoup de pression pour discuter avec les adultes, dire les « bonnes affaires » et avoir l'air plus érudit que son âge. On lui en demande beaucoup, pour un ado, et il leur en donne pour leur argent sans se plaindre.

— T'as peut-être raison, dit-il. À mon avis, Buteau est cinglé et dangereux, mais t'as le droit à ton opinion. C'est un pays libre.

— C'est mon ami et il est loin d'être fou. C'est un génie !

— Le génie et la folie vont souvent de pair, rétorque James d'une voix monotone.

— Tu peux penser ce que tu veux, James. Maddox mérite toutes les louanges qu'il reçoit pour ses œuvres.

— Ah ! Ça, c'est discutable.

— Qu'est-ce qui est discutable ? fait une voix familière.

Même s'il force un sourire, la mâchoire de James se contracte.

— Rien, dis-je à Maddox qui vient se planter à ma droite, légèrement de biais, comme s'il voulait servir de barrière physique entre James et moi.

Il porte son capuchon et a les mains calées dans les poches de son *hoody*.

— T'as pas besoin de la protéger, Buteau. La demoiselle est mon amie. Pas vrai, douce Marie ? me demande-t-il.

— T'es pas obligée de lui répondre, Marie-Douce.

James émet un petit sifflement et claque des doigts. En moins de temps qu'il n'en faut pour prendre une respiration complète, deux grands gars, les mêmes que ceux que j'ai vus à la cafétéria lors de mon tout premier contact avec James, arrivent en courant.

— Ils sortent d'où, ces deux-là ?

J'ai murmuré ma question étonnée près du cou de Maddox.

— Ce sont ses chiens de garde, me répond-il sans baisser la voix.

À part le fait qu'il serre les dents, Maddox ne montre aucun signe de nervosité, mais je commence à croire qu'il devrait peut-être se méfier davantage...

— Montrez-lui à ne plus s'approcher de moi, dit James à ses gars.

— Quoi ? Non !

Mon cri attire l'attention des joueurs de guitare qui sortent la tête de leurs petites cavernes. Les deux gars saisissent les bras de Maddox et le font reculer contre le mur.

— Fouillez-le ! exige James.

— Non !

Je me rue vers Maddox pour les en empêcher, mais James se place devant moi. Il ne me touche pas, mais m'empêche de passer. Il est rapide, devinant avec facilité mes élans de la gauche à la droite. J'ai envie de lui envoyer mon redoutable coup de pied au menton.

Derrière James, Maddox demeure de glace pendant que les gars tâtonnent ses poches, ses chevilles, et le forcent à montrer ses mains.

— Il a rien, dit le plus grand des deux.

— OK, fait James. Il peut s'en aller.

— Tu... tu... cherchais quoi, au juste ?

Toujours planté devant moi, James incline la tête avec un sourire que je n'aime pas.

— S'il avait un couteau ou un truc du genre. On ne sait jamais, avec ce genre de délinquant.

Du coin de l'œil, je vois Maddox marcher à reculons, très lentement, prêt à bondir à n'importe quel moment. Je lui fais un signe de la main pour lui dire de partir. Je ne veux pas qu'il reste ici et s'expose encore plus à la malveillance de Crown et de ses sbires.

— C'est pas un délinquant, OK ? T'as pas idée de ce qu'il a vécu ! Juge pas !

Je suis si fâchée qu'en parlant, je pointe mon index sous le menton de James. D'un geste tranquille, il empoigne ma main et la colle contre sa poitrine. Ce geste me saisit. Je bouillonne de rage, mais je dois me contenir.

— Oh, mais c'est mal me connaître, douce Marie. Penses-tu réellement que j'ai pas fait mener une petite enquête sur ton ami ? Pour un gars qui a tué sa propre mère en mettant le feu à sa maison, je trouve qu'il se porte plutôt bien…

C'est le bruit de ma paume contre la joue maintenant rouge de James. Le coup vibre encore dans ma main, et je la scrute comme si elle ne faisait pas partie de mon corps. Certes, j'ai déjà fait des prises de karaté, mais une claque pareille ? Jamais. James me fixe d'un air surpris, puis plisse les yeux. Je peux pratiquement voir la colère l'envahir.

— Marie-Douce ! s'écrie Maddox.

— Maddox, va-t'en tout de suite ! dis-je à mon ami. PARS !

La bousculade d'émotions qui me traverse depuis les dernières minutes m'a fait oublier où nous sommes : dans le couloir des chambres des garçons. Autour de nous, les plus curieux se sont approchés pour tendre l'oreille. Du coin de l'œil, je m'aperçois que nous sommes filmés. J'ai dû changer de face, parce que James regarde dans la même direction. En voyant l'iPhone fixé sur nous, il attrape ma main et me tire vers l'une des portes.

— Faites effacer les vidéos ! ordonne-t-il à ses gars d'une voix terrifiante.

Pour une fois, j'apprécie ce que James est capable de faire.

Juste avant d'entrer dans la pièce inconnue, je jette un dernier regard dans le couloir. Maddox est encore là, les poings serrés.

Chapitre 47

La panique s'installe

J'ai passé le reste de l'après-midi à l'entendre en boucle.

Je vomirais, si j'étais à ta place !

Boom !

Les propos de Kim sont difficiles à oublier. Je commence à envisager les réelles conséquences de la possibilité que Xavier soit bel et bien le fils de mon père. Je l'aimerai toujours, c'est certain, mais ça sera trop dur. Je ne crois pas que je serais capable de le côtoyer au quotidien. Il faudrait qu'on soit séparés pendant de longs mois avant de pouvoir se revoir. Cela signifie que Xavier devrait aller vivre ailleurs, dans une autre ville. Il finirait sûrement à Gatineau ou pire, au pôle Nord avec ce grand-père qu'il ne connaît même pas. Tout ça parce que nous sommes tombés amoureux.

— Papa ! Reviens vite ! dis-je aux murs de ma chambre. Je t'en prie ! Viens dire à tout le monde que c'est pas vrai, toute cette histoire !

Mon iPhone vibre. J'ai un message.

Xavier
Je suis au McDo. Je commence ce soir. Bel uniforme. Je passe la vadrouille sous les tables en forçant les gens à lever leurs pieds pendant qu'ils mangent. Beaucoup de plaisir. xxx

Moi
Tu seras le meilleur vadrouilleur du McDo ! Bon courage. xxx

Xavier
Je sais que Kim est venue te parler. Je me suis occupé de son cas. Elle ne te dérangera plus.

Xavier
Juste à son orgueil de conne. Personne n'a le droit de te traiter comme ça sans avoir affaire à moi. Je te laisse avant qu'on me voie texter en passant la mop !

Les mots de Xavier me touchent profondément. Je retiens mes larmes, parce que si je donnais libre cours à mes émotions, présentement, je pleurerais nuit et jour.

On cogne doucement à ma porte ; ça doit être ma mère.

— Entre !

Ce n'est pas ma mère, mais bien Corentin qui s'amène.

— Qu'est-ce que tu fais là, toi ?

— Je suis venu voir comment tu vas, dit-il en s'assoyant à côté de moi sur mon lit.

Lorsqu'il pose sa main au milieu de mon dos, je flanche. Un long sanglot s'empare de ma gorge, créant un son qui pourrait s'apparenter au cri d'un éléphant qui tombe du trentième étage d'un immeuble. Je me retenais avec tant de force, jusqu'ici. J'étais fière de moi. Je ne pleurais pas, je gardais presque la tête froide. Il n'a suffi que d'un « comment tu vas ? » pour libérer les chutes Niagara. Corentin devait s'y attendre, parce qu'il ne dit rien. Il se contente de m'entourer de ses bras et de coller ma tête contre son épaule.

— Ça va aller. Tout ça, c'est juste des conneries, tu verras.

— Mais… mais… mais… on commence à avoir trop d'indices qui laissent croire que c'est vrai ! Je capote, Corentin, t'as pas idée !

— Il faut trouver une façon de faire le test d'ADN, dit-il. Je le payerais sans hésiter si seulement j'avais accès à mon argent. Tout est bloqué jusqu'à mes quarante ans.

— Quarante ans ? dis-je d'une voix incrédule.

— Nah… pas quarante ans, mais presque : vingt et un ans.

— Xavier travaille chez McDo pour ramasser les sous.

Corentin se détache de moi pour me regarder dans les yeux.

— Il fait ça ? Y a pas à dire, il t'aime pour vrai !

En essuyant mes larmes du bout de ma manche, j'émets un petit rire triste.

— On dirait bien… mais ça rend la situation encore pire.

— Changeons de sujet, propose Corentin en se levant pour prendre place sur ma chaise de bureau.

— Oui, faisons ça ! dis-je en essayant de réguler ma respiration.

Quand je pleure avec autant d'intensité, j'ai des spasmes, un peu comme les bébés. Je dois me calmer pour recommencer à respirer normalement.

— Lucien est passé te voir ?

— Oui ! J'ai failli avoir une crise cardiaque quand je l'ai vu sur le pas de ma porte ! Et je suis un peu fâchée contre toi, en passant.

Corentin lève les deux mains comme s'il se rendait à la police. Il est tellement théâtral quand il veut, celui-là !

— Je ne parlerai qu'en la présence de mon avocat.

— La toune *Sweet Mary* ! T'as dit à Marie-Douce que c'était pas un message pour elle alors que ça l'était !

— Correction : elle m'a demandé mon avis. J'ai jamais dit que je connaissais la vérité absolue.

— Tu parles souvent à Lucien !

— Pas à propos de Marie-Douce, rétorque-t-il du tac au tac. Tu connais mes sentiments pour elle. Penses-tu que j'ai passé mon temps à demander ses états d'âme à Lucien ? Quand il m'en parle, je change de sujet.

La voix de Corentin est un peu chancelante. C'est rare que ça arrive. Je le scrute avec attention. Peut-être pour la première fois, je VOIS dans son regard qu'il souffre à cause de ses sentiments amoureux à sens unique. Ce que je comprends, c'est que, pour Corentin, le retour de Lucien dans les parages n'est pas une bonne nouvelle.

— Oh, Corentin… C'est encore si difficile pour toi ?

Il détourne les yeux vers la fenêtre, comme s'il y avait quelque chose d'intéressant dehors.

— Qu'est-ce que tu crois, Laura ?

— Je… euh… je ne sais pas. J'ai toujours cru que t'allais passer à autre chose. Il y a eu Lucien, puis Maddox, et là, peut-être ce James Crown.

— Merci pour la liste, marmonne-t-il avec impatience.

— Pourquoi est-ce que tu t'acharnes, Corentin ? Il y a tellement de filles qui s'intéressent à toi !

— J'espère peut-être qu'un jour elle se réveillera, qui sait ? Les sentiments, ça ne se contrôle pas.

Je le considère longuement avant de parler.

— Qu'est-ce que t'as raconté à Lucien, exactement ? Lui as-tu dit pour Maddox ?

Corentin soupire bruyamment.

— Oui et non. À ce que je sache, Marie-Douce ne sort pas officiellement avec Maddox, j'ai tort ? demande-t-il.

— Aux dernières nouvelles, non, elle ne sort pas avec lui.

Je marque une pause avant de reprendre :

— Lucien m'a dit qu'il avait reçu un appel inquiétant de la part de James Crown. Je ne sais pas ce qui l'a motivé davantage : revoir Marie-Douce ou trouver James Crown et lui casser la gueule…

Corentin hausse les épaules.

— Je crois que c'est un mélange des deux. Ce taré de Crown lui a dit qu'il pouvait détruire sa réputation. Ce gars-là est une plaie. Il a accès à toutes sortes de renseignements sur tout le monde. Et il s'en sert. J'espère qu'il n'a pas séduit Marie-Douce ou, pire, qu'il ne l'a pas manipulée pour qu'elle sorte avec lui. Quand je l'ai vue à la télé au bras de ce monstre, j'ai failli vomir.

— Et moi, j'ai failli tomber dans les pommes.

— Ah, j'allais oublier quelque chose, ajoute Corentin après un moment de silence.

Il fouille dans la poche de son manteau qu'il a balancé sur mon lit quand il est arrivé et en sort un petit sac de plastique bourgogne.

— Joyeux anniversaire en retard. On dirait qu'on a tous oublié. Je suis vraiment désolé.

— C'est pas grave… Cette année, ma fête, c'était le moindre de mes soucis.

Ce n'est pas entièrement vrai. Que tout le monde l'ait oubliée me fait beaucoup de peine, mais je reste forte au lieu de faire une crise de bébé. J'agis comme Marie-Douce l'aurait fait: avec sagesse et dignité. J'agite le sac près de mon oreille avec un sourire amusé.

— Qu'est-ce que c'est?

— Ouvre et tu verras bien.

Délicatement, je sors la boîte du sac. Elle est noire, carrée et petite.

— On dirait une boîte de bague de fiançailles. Corentin, j'espère que t'as pas d'idée bizarre derrière la tête!

— Veux-tu bien juste ouvrir la foutue boîte!

Avec un petit rire nerveux, j'obéis sans tarder. Ce sont des boucles d'oreille en forme de chats!

— Elles sont en argent, m'explique-t-il. Quand je les ai vues, j'ai tout de suite pensé à toi. Elles ressemblent à Dracule, non?

— Si Dracule était en argent, oui, tout à fait, dis-je avec plaisir. Merci, Corentin ! Je suis vraiment contente.

— En tout cas, même si ton anniversaire a lieu durant une semaine absolument merdique, au moins, j'aurai réussi à te faire sourire un peu.

Chapitre 48

Qui a besoin de qui ?

La pièce inconnue, c'est la chambre de James. Il a un colocataire, mais ce n'est pas un étudiant, plutôt un adulte. L'homme dans la vingtaine est bâti comme une armoire à glace, il a une mâchoire de boxeur et pas un poil sur le caillou.

— Joël, tu peux nous laisser, s'il te plaît ? demande James poliment.

Le jeune homme se lève de son lit où il lisait un roman. Il ressemble à un agent secret ou quelque chose du genre.

— Ton garde du corps ?

J'ai attendu que le Joël en question soit sorti avant de poser la question. James soupire et acquiesce d'un signe de tête.

— En permanence, dit-il. La seule chose qui est bien, c'est que Joël ne parle pas beaucoup. Il a toujours son nez dans un livre. Et au moins, mon père ne m'a pas envoyé un vieux croulant comme c'était le cas l'an dernier. Il crachait dans un mouchoir de tissu à longueur de journée.

James baisse son regard vers moi et touche sa joue meurtrie. Wow, je n'y suis pas allée de main morte ! Sa peau est vraiment rouge et on perçoit presque la marque de mes doigts sur son visage. Je grimace à la vue de ce que je lui ai fait, mais il lève la main en secouant la tête.

— Ça va. Je ne suis pas fait en cristal !

Quelque chose au ton de sa voix me donne l'impression que ma taloche n'est pas la première qu'il reçoit. Même si je n'aime pas James, je ne lui souhaite pas d'être violenté par qui que ce soit. Par contre, je n'ai aucune envie de jaser avec lui comme si nous étions des amis, même si sa façon de s'ouvrir à moi en me racontant sa vie déjoue mon irritation. Je me sens confuse et franchement déçue de moi-même ! Je ne devrais pas avoir accepté de le suivre ici. J'aurais dû partir avec Maddox.

— Tu peux t'asseoir, dit-il avec un sourire.

— OK, James. Je ne veux pas être ici avec toi. On n'est pas des amis, toi et moi. Ce que tu viens de faire à Maddox, c'était pas correct.

James s'assoit sur son lit et s'affaire à attacher un de ses lacets défaits. Un geste naturel, comme si je venais toujours dans sa chambre.

— Faut pas confondre les amis et les gens dont on a besoin, Marie-Douce. J'aimerais que tu sois mon amie, mais c'est impossible. Je ne suis pas con et je n'ai pas beaucoup de temps… Par contre, t'as besoin de moi, alors tu ne me résistes pas trop.

— Besoin de toi ? Non ! J'ai peur de ce que tu peux faire aux gens que j'aime. Tu me tiens en otage.

Il hausse les épaules et se relève, saisissant son cellulaire pour y pianoter quelque chose. Lorsqu'il porte l'appareil à son oreille et se met à parler, je suis outrée. Comment ça se fait qu'il a du signal ici, lui ?

D'un geste automatique, je sors mon iPhone pour tester ce signal de cellulaire inespéré, mais les paroles de James attirent mon attention.

— *Hey Brian… do you have the intel I asked you about*[1]*?*

James se met à discuter en anglais de longues minutes. Il ne parle qu'à demi-mot, sûrement volontairement, même si je comprends très bien tout ce qu'il dit. C'est la personne à l'autre bout du fil que j'aimerais bien entendre. Je scrute le visage de James ; il semble satisfait de l'information qu'on lui transmet. Zut ! Je me demande de quoi il parle ! Finalement, James raccroche et me lance un regard moqueur.

— Tu veux savoir de quoi il s'agit ? demande-t-il.

— Non…

— Menteuse. Surtout que ça te concerne. Et je sais que tu comprends très bien l'anglais.

— Évidemment, dis-je en roulant les yeux au plafond.

— Je vais te raccompagner à ta chambre. Ensuite, tu vas me promettre de manger avec moi à la cafétéria demain, dit-il.

— Pourquoi ?

— Pour que tout le monde pense qu'on est réellement « ensemble », évidemment. Ensuite, je te dirai ce que tu veux désespérément savoir.

---

1 Hé Brian, as-tu obtenu l'information que je t'ai demandée ?

— Je ne suis pas désespérée.

— Oh oui, tu l'es. Allez ! On y va, dit-il en ouvrant la porte et en me faisant signe de passer devant lui, en vrai gentleman.

Ce James Crown sait comment camoufler son attitude de grande brute derrière ses bonnes manières et sa galanterie, ça, c'est certain. Si tout en lui n'était pas si calculé, il en serait presque charmant.

Chapitre 49

La nouvelle blonde de Samuel

Une autre journée misérable m'attend. C'est mardi. Juste mardi. C'est tellement juste mardi que je crois que je vais pleurer. Ma sœur me manque terriblement. Si elle reste encore au pensionnat vendredi, je vais mourir. Je n'en peux plus de voir les jours s'écouler aussi lentement.

Dehors, il fait beau, tout juste -10 °C. Pour janvier, c'est les tropiques, on sent à peine le froid sur nos joues. C'est au moins ça de gagné. Sur l'avenue Saint-Charles me rejoignent Samantha et Constance, particulièrement de bonne humeur. À tel point que je me demande quelle mouche les a piquées. Au moins, ces deux-là ont recommencé à me parler. Ç'a été graduel, surtout pour Constance, mais je me rends compte qu'elles restent, malgré tout, les deux personnes les plus loyales dans ma vie, à part Xavier, Marie-Douce et Corentin, évidemment.

— Vous avez l'air d'avoir un billet de loterie gagnant dans vos poches, les filles. Qu'est-ce qui se passe ?

— On a décidé que t'avais assez de malheurs et on veut s'occuper de toi, même si t'as *flushé* mon frère, fait Samantha en entourant mes épaules de son bras.

— Euh… vous vous réjouissez de mes malheurs ?

— Ben non ! intervient Constance en faisant de gros yeux à sa nièce. C'est pas ça du tout ! Samantha s'est mal exprimée.

— Alors c'est quoi, l'affaire ?

— On a le droit de sourire sans qu'il y ait de raison derrière ça, s'offusque Constance. Pour ma part, je suis juste contente de te voir.

— Moi aussi, renchérit Samantha.

— Ah… Bien, alors, je suis heureuse de vous voir aussi.

Sérieusement, ça me soulage de leur parler !

— Mon frère a une nouvelle blonde ! jette tout à coup Samantha comme si elle avait une patate brûlante à lancer.

— Samantha ! Ta gueule ! la gronde Constance. T'es vraiment incapable de tenir ta langue, hein !

Rougissante, Samantha me lance un regard de biais.

— Désolée, mais Laura a le droit de le savoir.

— C'est pas grave, dis-je pour apaiser la tension entre les deux Desjardins. C'est qui sa blonde ?

Elles se consultent d'un air sérieux, Constance replaçant son foulard autour de son cou et Samantha examinant ses mitaines.

— On l'aime pas tellement, à vrai dire, marmonne Samantha.

Je force un rire faux.

— Tant que c'est pas Alexandrine Dumais…

Les filles se taisent et je sens une tension dans l'air.

— Quoi ? Samuel sort avec Alexandrine ? Pour de vrai ? dis-je avec surprise.

— Ben non ! Alexandrine a dit que Xavier et toi, ça ne pourrait plus durer bien longtemps, dit Constance. Elle a bon espoir que Xavier redeviendra libre.

— Comment tu le sais ? Alex te confie ses secrets maintenant, Constance ?

Cette dernière secoue la tête avec énergie.

— Es-tu folle ? Je l'ai entendu d'Héloïse Chouinard, qui l'a entendu de Dariane St-Cyr. Il paraît qu'Alexandrine aurait expliqué ça à Clémentine, et Dariane était à la bonne place au bon moment pour entendre leur conversation.

— Je ne suis pas étonnée qu'elle attende notre rupture avec impatience.

Non seulement Alexandrine doit l'espérer, mais, en plus, elle a sûrement concocté des dizaines de potions dans lesquelles des poupées vaudou à notre effigie, à Xavier et moi, doivent s'être baignées durant l'une des dernières pleines lunes.

D'ailleurs, son vaudouisme n'est peut-être pas étranger à mon hospitalisation. Je n'ai jamais totalement discrédité les pouvoirs magiques d'Alexandrine. Elle m'a toujours fait un peu peur et je la crains plus que jamais.

Samantha, qui me tient toujours par les épaules, me serre un peu contre elle.

— T'en fais pas, je ne pense pas que Xavier, même si t'es sa sœur, s'intéresse à Alexandrine.

— Je ne suis pas la sœur de Xavier.

— Avez-vous pu le vérifier avec la mère de Xavier ? Est-ce que ton père a pu te répondre ? demande Constance avec délicatesse.

Pourquoi est-ce que, à son ton, j'ai la vague impression qu'elle souhaite que je le sois ? Je dois halluciner. Constance ne peut pas être SI jalouse du bonheur des autres.

— Ni l'un ni l'autre.

— Alors, c'est pas réglé, fait Constance, avec une petite note un peu trop joyeuse dans la voix.

Je fais non de la tête en retenant (encore) mes larmes et en me détachant de Samantha qui me tenait toujours par les épaules.

— Je trouve que vous vous ressemblez, toi et Xavier, remarque Samantha.

Non, mais, est-ce qu'elle fait exprès pour me blesser ou est-ce qu'elle est tout simplement un peu débile, celle-là ? Et Constance n'est pas mieux !

— Merci, Samantha, mais j'ai vraiment pas besoin de me faire dire ça présentement, OK ?

— Je m'excuse, Laura, fait Samantha. C'est juste que vous avez tous les deux de beaux yeux bruns…

— Il sort avec qui, finalement, Samuel ? dis-je un peu abruptement pour changer de sujet.

— Avec Érica St-Onge.

Je suis si déçue que les bras m'en tombent. Il me semble que Samuel devrait être avec une fille plus authentique et moins manipulatrice qu'Érica. En même temps, je ne suis pas surprise. Samuel était vulnérable quand on a cassé et Érica a dû le sentir grâce à son radar ultrapuissant. Ça ne durera pas. Et puis, ce n'est pas de mes oignons. J'ai assez de mes propres problèmes. C'est juste que Samuel… il aura toujours une place dans mon cœur. Je veux qu'il soit heureux.

— J'espère juste qu'elle a changé, dis-je, à court de mots.

— Elle est un peu moins fatigante que l'été dernier, me rassure Constance. Je pense qu'elle a gagné en maturité. Ils s'entendent bien, mais Samuel n'a pas l'étincelle dans les yeux qu'il avait quand il sortait avec toi, Laura.

— T'as pas besoin de me dire ça juste pour me faire plaisir, Constance. Ça me fait encore quelque chose de parler de Samuel, t'sais.

Tout en parlant, nous arrivons à la hauteur de l'école rapidement. J'ai dit que -10 °C n'était pas si mal ? Eh bien, c'était avant de marcher contre le vent au bord du lac. Là, le mercure doit bien descendre à -35 °C. Mes joues commencent à s'engourdir et j'ai du mal à articuler.

Sur le campus de la Cité, les autobus scolaires arrivent en même temps que nous, défilant à la queue leu leu devant l'école pour laisser descendre les jeunes. Parmi eux, Xavier, que je distingue parmi les autres aussi facilement que s'il portait un néon lumineux sur sa tuque. Il me voit aussi. Il me fait signe en portant son poing à son cœur, et je fais la même chose sans le quitter du regard jusqu'à ce qu'il disparaisse avec la horde d'élèves qui entrent par la porte qui mène à la salle G.

Chapitre 50

Un secret trop bien gardé

J'entre à la cafétéria avec l'espoir que James ait été retenu quelque part ce midi. Je me place tout au bout de la file d'attente avec un cabaret. Devant moi, il y a trois élèves de mon cours de danse. Un gars et deux filles dont je ne connais pas encore les noms. Ils me servent des regards en coin. Vraisemblablement, eux, ils savent qui je suis. Ma vie sociale revient toujours à ça. On me connaît sans me connaître. On imagine que ma vie est un conte de Disney. Certains m'admirent pour ça, d'autres me détestent d'emblée. Les commentaires sont souvent les mêmes: « Wow, c'est vraiment elle! », « C'était la blonde de Lucien Varnel-Smith! » et, mon préféré: « Elle est même pas si belle que ça, je me demande ce qu'il lui trouve. » Aujourd'hui, s'ajoutent à ceux-ci de nouveaux murmures à propos de ma supposée relation avec James Crown en plus de la rumeur concernant Maddox Buteau, l'artiste peintre le plus mystérieux du collège qui est venu dans ma chambre malgré l'interdiction. Il se serait faufilé comme Batman dans les couloirs du pensionnat.

Bref, je suis encore une curiosité publique. Ce n'est pas ce que j'avais prévu en venant dans ce collège. Moi qui croyais – bien naïvement, je m'en rends compte maintenant – pouvoir passer mon temps libre avec Maddox, et peut-être quelques nouvelles copines sympathiques, je me suis lourdement trompée. Maddox est un fantôme et les filles qui auraient pu être *cool* me dévisagent comme si j'étais une extraterrestre.

— Qu'est-ce que tu fais là ?

Une main se glisse sous mon bras pour m'entraîner loin de la file. C'est nul autre que James qui me tire vers sa table habituelle, près des grandes fenêtres, dans le coin de la salle où presque personne ne va. Les têtes se tournent vers nous, les chuchotements reprennent.

— Hé ! J'attendais pour avoir mon assiette ! J'ai faim !

— Assois-toi, dit-il en faisant un signe de tête à ses acolytes. Je reviens.

Les deux amis de James se lèvent et changent de table dans un mouvement coordonné. James leur a demandé de s'en aller ou quoi ? Pendant un court instant, un silence presque complet s'installe dans la cafétéria. Les regards convergent vers moi. Ravalant ma salive avec difficulté, je joue avec mes ongles sous la table, me retenant pour ne pas m'enfuir en courant. Je veux savoir de quoi James parlait, hier soir, au téléphone. J'ai bon espoir qu'il ait fait des démarches pour le père de Laura. Je ne sais pas de quel genre de pouvoir James Crown, du haut de ses quinze ans, peut bénéficier, mais on ne sait jamais.

James revient à la table avec un cabaret bien rempli : deux immenses pointes de pizza toute garnie fumante, des salades et deux verres de Sprite.

— T'as pas fait la file ?

James rit doucement.

— Bien sûr que non. Allez, mange avant que ça refroidisse.

— Tout le monde te regarde, dis-je en murmurant.

— Non, tout le monde TE regarde. C'est aussi bien comme ça. Tu devrais être contente : plus personne ne t'importunera, dorénavant. Même pas Victoria.

— Comment tu sais, pour Victoria ?

— Je sais tout, tout le temps, douce Marie. Tu devrais le savoir à présent.

Je m'adosse à mon siège, les bras croisés sur ma poitrine. Ce gars me coupe l'appétit. La façon dont il profite de sa prétendue supériorité me donne presque la nausée.

— Je suis ici, comme tu me l'as demandé hier. Tu vas me dire à qui et de quoi tu parlais hier, quand tu étais au téléphone ?

James prend une bouchée de sa pointe de pizza et mastique avec une lenteur délibérée en me fixant de ses yeux… noisette. Je les pensais brun foncé, mais je constate que ce n'est pas le cas, maintenant que je vois ses iris à la pleine lumière du jour.

— J'ai pas eu l'information que je voulais. J'ai pu trouver personne qui avait les autorisations nécessaires pour fouiller dans les dossiers de l'armée, finit-il par admettre.

Au mot « armée », mon cœur s'arrête. James a-t-il vraiment tenté ce que je pense qu'il a tenté ?

— Est-ce que tu parles de Daniel St-Amour ?

Il hoche la tête.

— J'ai tout essayé pour savoir ce qui arrive avec lui, mais l'information est confidentielle. Il s'avère plus complexe d'avoir des nouvelles de St-Amour que de voler *La Joconde*.

— Évidemment ! Il mène des missions si confidentielles que même sa fille ne sait pas dans quel pays il est déployé ! Tu pensais pouvoir percer à jour ce genre de secret ? Vraiment ?

James hausse les épaules avec une désinvolture qui commence à m'énerver.

— Hé, change de ton. J'ai voulu le faire pour toi.

— Je crois plutôt que t'as tenté le coup pour prouver quelque chose.

— Comme quoi ?

— Oh, je ne sais pas, ton grand pouvoir sur tout le monde ?

James regarde ailleurs et garde le silence. J'ai visé un point sensible et j'ai frappé dans le mille.

— As-tu des amis, James ?

— Évidemment !

Sa mâchoire se contracte si durement que j'ai presque pitié de lui. Je me retourne pour observer les deux gars qui sont supposément ses amis. Ils mangent tranquillement sans parler, chacun dans sa petite bulle.

— Des gars qui obéissent à tes ordres, moi, j'appelle pas ça des amis. J'appelle ça des employés.

Quelque chose vient de passer dans les yeux de James. De la frustration ? Du mépris ? De la tristesse ? C'est difficile à dire. Il y a une ombre qui hante son regard et c'est moi qui viens de l'installer là.

— Pas eux, non. T'as raison, finit-il par articuler.

— Alors qui ?

— Tu ne les connais pas.

Je ne croyais pas ressentir de la sympathie pour James Crown un jour, mais c'est exactement le sentiment qui m'habite. Je ne sais pas s'il ment pour sauver la face, mais je n'en serais nullement surprise. Ce que je devine, à son attitude et dans toutes ses actions depuis que je suis arrivée ici, c'est qu'il souffre d'une grande solitude. Peut-être que tout ce qu'il sait faire, c'est utiliser les gens ou les attirer avec de grandes et ambitieuses promesses, par exemple celle de retrouver un soldat perdu en terrain de guerre. J'ai été naïve de croire qu'il pourrait faire quelque chose pour le père de Laura.

— Je serai heureuse de les rencontrer un jour, finis-je par souffler.

— Ouais, un jour…, marmonne James en repoussant son assiette.

Chapitre 51

Un trésor inattendu

Vive le vent ! Vive le vent ! Vive le vendrediiiii !

Toute la semaine, les filles Desjardins m'ont rejointe en chemin pour marcher avec moi jusqu'à l'école. J'ai vu Xavier le soir, toujours rapidement, par manque de temps libre. Plus les jours passent, plus nos doutes d'être demi-frère et demi-sœur s'intensifient. Nous en sommes au point où nous avons du mal à nous effleurer le bout des doigts. Il travaille chez McDonald quand il n'a pas d'entraînement de hockey, il continue à mettre le poing sur son cœur quand nos regards se croisent et ses yeux marron sont plus tristes que jamais.

La journée a été longue. J'ai regardé l'horloge blanche toute la journée, dans l'attente de 16h10, l'heure de la dernière cloche. J'avais encore une lettre dans mon casier. Mon admirateur secret s'est surpassé : j'ai même eu droit à des cœurs colorés de rouge et à des autocollants d'émojis sur l'enveloppe. Fidèle à ma promesse, je ne l'ai pas ouverte. Pour l'instant du moins.

Au moment où j'arrive dans ma chambre, l'enveloppe encore scellée tombe de mon sac. Je la dépose distraitement sur ma table de chevet. Cette correspondance à sens unique m'agace davantage qu'elle ne me fait plaisir. Oui, c'est flatteur d'avoir un admirateur secret, mais malheureusement pour lui, en ce moment, il ne représente qu'une goutte d'eau dans mon océan de tracas.

De petits coups à la porte de ma chambre me font sursauter. C'est ma mère qui entre avec un petit paquet à la main.

— Tu as reçu ceci par la poste, me dit-elle.

— Oh ! Qu'est-ce que c'est ?

— Ça provient d'une compagnie que je ne connais pas. Ouvre-le, c'est la meilleure façon de le découvrir.

Le paquet contient des cotons-tiges, deux fioles et des instructions ainsi qu'une enveloppe retour.

— C'est une trousse de test d'ADN ! Mais je ne l'ai pas commandée, ça coûte une fortune ! Est-ce que c'est toi, maman ? Oh ! Merci ! Merci ! Merci !

Mais ma mère stoppe mon élan en secouant la tête.

— C'est pas moi, Laura.

— Ça ne peut pas être Xavier, il a pas encore assez d'argent.

Je le sais parce qu'il n'a pas encore reçu sa première paye du McDo.

— Est-ce que ça peut être Hugo, maman ?

— Non, il me l'aurait dit.

— Mais qui, alors ?

Moi
Allô Corentin ! J'ai reçu un test d'ADN par la poste. Est-ce que c'est toi qui l'as commandé ?

Corentin
J'aimerais bien te dire oui, mais c'est pas moi. Mais dis donc, c'est génial ! Tu vas enfin connaître la vérité ! :D

Évidemment, j'essaie d'appeler Xavier, mais je tombe sur sa boîte vocale. Il a un entraînement de hockey ce soir. J'ai hâte qu'il prenne mon message !

Peu importe d'où il vient, ce test est le trésor le plus important de ma vie entière.

Chapitre 52

Une signature révélatrice

Après deux semaines sans avoir vu ma sœur, je suis hyper **sou-la-gée** d'arriver à la maison. Je n'ai pas le temps de déposer mes valises que deux bras me serrent si fort que je vais manquer de souffle. Un gros bec mouillé s'écrase sur ma joue encore froide d'avoir passé trente bonnes secondes à découvert entre la voiture et la porte.

— Mouah ! fait Laura en décollant ses lèvres de ma face.

— C'est tout un accueil ! Salut, la sœur. On dirait que tu t'es ennuyée.

— Viens-t'en ! m'ordonne-t-elle en tirant mon poignet.

— Attends, je dois ôter mon manteau, mes bottes, ma tuque…

Laura tape du pied. Son impatience extrême m'en dit long sur le nombre de choses qu'elle se retient de me raconter dans la seconde.

— *Gooo,* Marie-Douceeeuh ! T'es donc ben lente !

— J'arrive, j'arrive…

Lorsque j'ai enfin retiré mon attirail d'hiver, je la suis dans l'escalier, puis vers notre chambre où Laura se met à sautiller sur place comme une enfant de cinq ans.

— Je ne sais pas quoi te dire en premier, souffle-t-elle.

Puis, elle me montre un colis ouvert qui contient une feuille avec des fioles et des longs Q-tips. C'est écrit « test d'ADN » sur le papier.

— Oooh ! Tu vas pouvoir savoir si Xavier est ton demi-frère ou non ! C'est super, Laura !

— L'affaire, c'est que je ne sais pas de qui ça vient. Ça coûte cher, ce truc-là. Environ trois cents dollars !

— C'est pas ta mère qui l'a commandé ?

Laura secoue la tête.

— J'ai fait ma petite investigation et il ne reste qu'une seule possibilité. J'ai parlé de notre situation horrible à une personne en particulier qui pourrait avoir pensé me l'offrir.

— Ah oui, qui ça ?

Alors que je pose la question, je suis distraite par une feuille remplie d'autocollants et de cœurs qui traîne sur la table de chevet de Laura. Il me semble que ce n'est pas le genre de Xavier.

— Oh, c'est quoi cette enveloppe, Laura ?

— Mon admirateur anonyme. Toujours aucune idée de qui il s'agit. Mais est-ce que tu m'écoutes, Marie-Douce ? Je pense que je sais qui m'a offert la trousse pour le test d'ADN.

— Je peux lire la lettre avant ? Ça m'intrigue.

— Ben oui, lis-la. Il me dit qu'il m'aime de plus en plus, bla bla bla… Laisse faire l'admirateur secret une minute! J'ai même pas lu sa dernière lettre au complet. Ce que j'ai à te dire est plus important.

Laura est si comique quand elle a hâte de me dire quelque chose qui la rend folle. Je me gâte un peu en faisant exprès de faire durer sa fébrilité. Elle va devenir rouge comme une tomate. Je sais, ce n'est pas très gentil, mais une fille peut bien s'amuser un peu! Je prends le temps de lire la lettre après avoir ouvert l'enveloppe avec l'approbation impatiente de Laura. Effectivement, ce sont des mots d'amour. Cette écriture est légèrement différente de celle de la dernière missive que Laura m'a fait lire. Elle me semble familière. On dirait que la personne en question commence à faire moins attention à changer sa main d'écriture pour ne pas se faire reconnaître. Et quand je vois au bas, la signature, je devine tout.

💞 😍 Sam xxx 😍 💞

— Euh… Laura, je pense que je sais qui est l'auteur de cette lettre.

Ma sœur cesse de sautiller et s'immobilise en fronçant les sourcils.

— Comment tu peux le savoir? demande-t-elle.

— Premier indice, la personne a signé.

— Han? Ah ben là! Montre-moi ça! Il ne signe jamais, d'habitude!

Je lui montre la signature. C'est écrit en petits caractères, mais c'est très lisible. Laura plisse les yeux, se fige et me lance un regard ahuri.

— C'est Samuel ?

— Non, Laura, c'est pas Samuel. Je reconnais cette écriture. Je suis vraiment nouille de ne pas avoir fait le lien avant ! Penses-y un peu. Qui d'autre s'appelle Sam autour de nous ?

— Y a aucun autre gars. Pas d'autre Samuel... pas de Samy... Y a juste Samantha... *Ooooooh myyyyyy Goooood !* Est-ce que ça se pourrait que ça soit Samantha ?

Laura se laisse tomber sur son lit, la bouche en O couverte d'une main. Je m'assois à ses côtés et lui tapote le dos.

— Hé oui, ma belle Laura. J'étais si convaincue que ça ne pouvait être qu'un gars que je n'ai pas pensé à cette possibilité ! Samantha est ton admiratrice secrète. Qu'est-ce que tu allais me dire, tout à l'heure ?

— Baaahh... Euhhh... je ne sais plus...

Chapitre 53

Face de pet

Samantha m'a écrit ces lettres ?
Samantha m'a écrit ces lettres ?
Samantha m'a écrit ces lettres ?

Wô ! On arrête tout ! J'ai les deux jambes sciées !

— Veux-tu un verre d'eau, Laura ? m'offre Marie-Douce avec un petit sourire en coin.

— On dirait que tu trouves ça drôle !

— Un peu, oui. Le plus comique, c'est ta tête.

Je me lève pour faire les cent pas en tenant la lettre d'une main et ma tête de l'autre (j'ai peur qu'elle explose).

— Mais qu'est-ce que je vais faire ? Qu'est-ce que je vais lui dire ?

— Exactement la même chose que t'aurais dite à un garçon : que tu es très touchée par son affection, mais que pour toi, elle est une amie et que ça ne changera pas.

— C'est simple, quand c'est pas toi qui dois le faire, han ! En plus, c'est peut-être une grosse blague. Samantha voulait peut-être me faire croire que j'avais un admirateur juste pour niaiser.

Marie-Douce rit doucement. Elle est couchée à plat ventre sur mon lit.

— Tu sais, Laura, je ne crois pas que ça soit une blague, dit ma sœur qui tient toutes les lettres entre ses mains. Je pense que Samantha est réellement amoureuse de toi. Je dois avouer que j'ai vécu bien des choses dernièrement, mais que cette situation bat des records.

— Ha ! Ha ! Ha ! Très drôle. Je vais faire semblant que j'ai pas encore deviné pour un bout de temps, dis-je d'un ton décidé. Voilà pour ça !

— Belle façon de prétendre qu'un problème existe pas, hein, Laura ?

— J'aime bien Samantha et je ne veux pas lui faire de peine, mais j'ai un autre problème beaucoup plus pressant.

Mon téléphone se met à vibrer sur mon lit, indiquant que j'ai reçu un nouveau message. Je replie la lettre et la dépose avec énergie sur ma table de chevet, saisissant mon téléphone dans le même élan. C'est un message de Corentin !

Corentin
Confirmé ! Le donateur anonyme du test d'ADN, c'était bien qui tu pensais ! D'ailleurs, si tu veux le remercier, descends dans ton salon, on est ici.

Ooohh my God ! Lucien est ici !

Je lève les yeux de mon cellulaire et regarde ma sœur qui a encore cet air taquin plaqué sur le visage.

— Face de pet, je pense que t'aurais dû m'écouter quand je te disais que j'avais quelque chose d'important à t'annoncer.

— Ah, oui ? Pourquoi ça ? dit-elle en riant.

Nous n'avons pas le temps de sortir de la chambre qu'une silhouette se profile à la porte.

— Salut, Marie…

À suivre…

Retrouve les Filles modèles
sur Facebook !

www.facebook.com/lesfillesmodeles

éditions
les malins

lesmalins.ca